交通事故外傷と後遺障害 全322大辞典 II

耳・鼻・口・醜状障害／上肢の障害

CD-ROM付　実際に等級を獲得した後遺障害診断書

交通事故110番
宮尾一郎 著
Miyao Ichiro

かもがわ出版

後遺障害診断書 30 例の解説

本CDには、実際に等級を獲得した 30 例の後遺障害診断書を収録しています。
また、それぞれに、立証のポイントなどの解説を付けています。

現実の交通事故では、複数の部位を受傷することが日常的であり、実際の後遺障害診断書を解説するとき、部位別に分類・整理することは不可能です。
そこで、すべての傷病名を明らかにして、大雑把に 7 つに分類しております。
その点をご理解いただければ、なによりの幸いです。

CD-ROM に収録した「実際に等級を獲得した後遺障害診断書」の分類は巻末総もくじの後に掲載しています。

はじめに

私が初めて、『交通事故　後遺障害等級獲得マニュアル』を出版したのは 2005 年 3 月です。

2006 年 3 月には、『自動車保険　約款の解説・活用マニュアル』
2009 年 5 月には、『交通事故　後遺障害等級獲得マニュアル改訂増補版』
2011 年 5 月からは、『部位別後遺障害診断書』に取り組み、2014 年 8 月に全 6 巻を、その間の 2014 年 4 月には、『解決のための交通事故チェックリスト』を出版させていただきました。
これも、我慢強く待っていただいた、かもがわ出版のご協力の賜です。
心から感謝しています。

さて、私の NPO 交通事故 110 番としての活動は、ホームページにおける毎日の記事出し、電話・メールによる交通事故相談、週末に全国に出向いての交通事故無料相談会の開催です。

毎月、多くの被害者と面談し、生の声を聞くことにより、回答力を高めているのです。
近年は、被害者が持参された MRI 画像を分析することができるようになり、後遺障害等級を獲得する上での精度が向上し、ボランティア参加の複数弁護士のご協力により、損害賠償の実現でも、大きな成果を挙げています。

毎回、多くの被害者と面談をするたびに、いろいろな交通事故外傷を経験するのですが、

後遺障害とは切り離して、交通事故による外傷性の傷病名はどれだけの数があるのか？
傷病名ごとに予想される後遺障害等級、症状固定時期、後遺障害の立証方法を説明できないか？
レアな傷病名も、実物の後遺障害診断書で解説できれば、現場の医師も助かるのではないか？
これこそが、交通事故の後遺障害を議論する集大成になるのではないか？

そんなことを考え、2013 年 9 月から執筆を開始し、2 年 7 カ月後の 2016 年 4 月に執筆を終えました。
大ざっぱな分類で、322 の交通事故外傷と後遺障害のキモを説明できました。
本 II 巻には、このうち「耳・鼻・口・醜状障害／上肢の障害」について収録しています。
実物の後遺障害診断書は、個人情報をデフォルメして CD-ROM に収録しました。

私の著作物に類書は一冊もありません。
この書籍が、後遺障害の立証の現場で、その後の損害賠償で役立つのであれば、望外の喜びです。

2016 年 9 月
NPO 交通事故 110 番　宮尾　一郎

交通事故外傷と後遺障害全322大辞典 II

耳・鼻・口・醜状障害／上肢の障害　　目 次

● 耳の障害 …………………………………………………………………………… 9
- 1　耳の構造 ……………………………………………………………………… 9
- 2　外耳の外傷・耳介血腫（じかいけっしゅ）……………………………… 11
- 3　耳介裂創（じかいれっそう）……………………………………………… 12
- 4　耳垂裂（じすいれつ）……………………………………………………… 12
  - 耳介血腫、耳介裂創における後遺障害のキモ？　13
- 5　耳鳴り ………………………………………………………………………… 13
  - 耳鳴りにおける後遺障害のキモ？　13
- 6　外傷性鼓膜穿孔（こまくせんこう）……………………………………… 17
  - 外傷性鼓膜穿孔における後遺障害のキモ？　18
- 7　流行性耳下腺炎（りゅうこうせいじかせんえん）……………………… 30
- 8　側頭骨骨折（そくとうこつこっせつ）…………………………………… 31
  - 側頭骨骨折における後遺障害のキモ？　33
- 9　頭蓋底骨折（ずがいていこっせつ）……………………………………… 35
  - 頭蓋底骨折における後遺障害のキモ？　36
- 10　騒音性難聴（そうおんせいなんちょう）………………………………… 38
  - 騒音性難聴における後遺障害のキモ？　39
- 11　音響性外傷（おんきょうせいがいしょう）……………………………… 40
  - 音響性外傷による後遺障害のキモ？　40

● 鼻の障害 …………………………………………………………………………… 42
- 1　鼻の構造と仕組み …………………………………………………………… 42
- 2　鼻骨骨折（びこつこっせつ）……………………………………………… 44
  - 鼻骨骨折における後遺障害のキモ？　46
- 3　鼻篩骨骨折（びしこつこっせつ）………………………………………… 46
  - 鼻篩骨骨折における後遺障害のキモ？　47
- 4　鼻軟骨損傷（びなんこつそんしょう）…………………………………… 47
- 5　鼻欠損（びけっそん）……………………………………………………… 47
- 6　嗅覚脱失（きゅうかくだっしつ）………………………………………… 48
  - 嗅覚脱失における後遺障害のキモ？　48

● 口の障害 …………………………………………………………………………… 53
- 1　口の構造と仕組み …………………………………………………………… 53
- 2　顔面骨折・9つの分類 ……………………………………………………… 53
- 3　頬骨骨折（きょうこつこっせつ）　頬骨体部骨折（きょうこつたいぶこっせつ）…… 55
  - 頬骨骨折＝頬骨体部骨折における後遺障害のキモ？　56
- 4　頬骨弓骨折（きょうこつきゅうこっせつ）……………………………… 57

5 眼窩底骨折 ……………………………………………………………………………… 57
　　眼窩底骨折における後遺障害のキモ？　58
6 上顎骨骨折 ……………………………………………………………………………… 59
7 下顎骨骨折 ……………………………………………………………………………… 60
　　上顎・下顎骨骨折における後遺障害のキモ？　61
8 味覚脱失 ………………………………………………………………………………… 67
　　味覚障害における後遺障害のキモ？　67
9 嚥下障害 ………………………………………………………………………………… 69
　　嚥下障害における後遺障害のキモ？　69
10 言語の機能障害　反回神経麻痺 ……………………………………………………… 71
　　反回神経麻痺における後遺障害のキモ？　73
11 特殊例・気管カニューレ抜去困難症 ………………………………………………… 74
　　気管カニューレ抜去困難症における後遺障害のキモ？　75

●醜状の障害 …………………………………………………………………………………… 76
1 醜状障害 ………………………………………………………………………………… 76
　　醜状障害における後遺障害のキモ？　76

●肩・上腕の障害 ……………………………………………………………………………… 85
1 上腕神経叢麻痺 ………………………………………………………………………… 85
　　上腕神経叢麻痺における後遺障害のキモ？　87
2 肩関節の仕組み ………………………………………………………………………… 88
3 鎖骨骨折 ………………………………………………………………………………… 90
　　鎖骨骨折における後遺障害のキモ？　91
4 肩鎖関節脱臼 …………………………………………………………………………… 92
　　肩鎖関節脱臼における後遺障害のキモ？　93
5 胸鎖関節脱臼 …………………………………………………………………………… 94
　　胸鎖関節脱臼における後遺障害のキモ？　95
6 肩腱板断裂 ……………………………………………………………………………… 96
　　肩腱板断裂における後遺障害のキモ？　97
7 腱板疎部損傷 …………………………………………………………………………… 98
　　腱板疎部損傷における後遺障害のキモ？　99
8 肩甲骨骨折 ……………………………………………………………………………… 100
　　肩甲骨骨折における後遺障害のキモ？　102
9 SLAP損傷＝上方肩関節唇損傷 ……………………………………………………… 103
　　SLAP損傷における後遺障害のキモ？　103
10 肩関節脱臼 ……………………………………………………………………………… 104
　　肩関節脱臼における後遺障害のキモ？　105
11 反復性肩関節脱臼 ……………………………………………………………………… 106
　　反復性肩関節脱臼における後遺障害のキモ？　106
12 肩関節周囲炎 …………………………………………………………………………… 107

　　　　肩関節周囲炎における後遺障害のキモ？　108
13　変形性肩関節症 ……………………………………………………………………………… 108
　　　　変形性肩関節症における後遺障害のキモ？　110
14　上腕骨近位端骨折 …………………………………………………………………………… 111
　　　　上腕骨近位端骨折における後遺障害のキモ？　113
15　上腕骨骨幹部骨折 …………………………………………………………………………… 114
　　　　上腕骨骨幹部骨折における後遺障害のキモ？　118
16　上腕骨遠位端骨折 …………………………………………………………………………… 119
　　　　上腕骨遠位端骨折における後遺障害のキモ？　120
17　フォルクマン拘縮 …………………………………………………………………………… 121
　　　　フォルクマン拘縮における後遺障害のキモ？　121

● **肘・前腕の障害** ……………………………………………………………………………… 123
18　テニス肘　上腕骨外側上顆炎、上腕骨内側上顆炎 ……………………………………… 123
　　　　上腕骨外側上顆炎と上腕骨内側上顆炎における後遺障害のキモ？　125
19　肘関節と手関節、橈骨と尺骨の仕組み …………………………………………………… 126
　　　　肘関節と手関節における後遺障害のキモ？　128
20　肘関節脱臼 …………………………………………………………………………………… 128
21　肘頭骨折 ……………………………………………………………………………………… 129
22　尺骨鉤状突起骨折 …………………………………………………………………………… 131
　　　　橈骨頭・頚部骨折、肘関節脱臼、肘頭骨折、尺骨鉤状突起骨折における後遺障害のキモ？　131
23　変形性肘関節症 ……………………………………………………………………………… 133
　　　　変形性肘関節症における後遺障害のキモ？　134
24　右肘内側側副靭帯損傷？ …………………………………………………………………… 135
　　　　肘内側側副靭帯損傷における後遺障害のキモ？　137
25　橈・尺骨骨幹部骨折 ………………………………………………………………………… 138
26　橈骨頭・頚部骨折 …………………………………………………………………………… 140
27　モンテジア骨折 ……………………………………………………………………………… 141
28　ガレアッチ骨折 ……………………………………………………………………………… 142
　　　　橈・尺骨骨幹部骨折、モンテジア骨折、ガレアッチ骨折における後遺障害のキモ？　142
29　橈骨遠位端骨折、コーレス骨折、スミス骨折 …………………………………………… 143
　　　　橈骨遠位端骨折、コーレス骨折とスミス骨折における後遺障害のキモ？　144
30　バートン骨折 ………………………………………………………………………………… 145
　　　　バートン骨折における後遺障害のキモ？　146
31　ショーファー骨折＝橈骨茎状突起骨折 …………………………………………………… 147
　　　　ショーファー骨折における後遺障害のキモ？　147
32　尺骨茎状突起骨折 …………………………………………………………………………… 148
　　　　尺骨茎状突起骨折における後遺障害のキモ？　149

● **神経麻痺の障害** ……………………………………………………………………………… 150
33　肘部管症候群 ………………………………………………………………………………… 150

34	正中神経麻痺	151
35	前骨間神経麻痺	153
36	手根管症候群	153
	正中神経麻痺、前骨間神経麻痺、手根管症候群における後遺障害のキモ？ 155	
37	橈骨神経麻痺	156
38	後骨間神経麻痺	158
	上腕骨骨幹部骨折、橈骨神経麻痺、後骨間神経麻痺における後遺障害のキモ？ 159	
39	尺骨神経麻痺	160
40	ギヨン管症候群	161
	尺骨神経麻痺における後遺障害のキモ？ 162	
41	ズディック骨萎縮　Sudeck骨萎縮	163

●手・手根骨・手指の障害　165

42	手の仕組み	165
43	右手首の腱鞘炎と前腕部の炎症	166
44	手根骨の骨折　有鉤骨骨折	168
	有鉤骨骨折における後遺障害のキモ？ 169	
45	手根骨の骨折　有頭骨骨折	170
	有頭骨骨折における後遺障害のキモ？ 170	
46	手根骨の骨折　舟状骨骨折	171
	舟状骨骨折における後遺障害のキモ？ 171	
47	手根骨の骨折　月状骨脱臼	173
	月状骨脱臼における後遺障害のキモ？ 174	
48	手根骨の骨折　舟状・月状骨間解離	175
49	手根骨の骨折　三角・月状骨間解離	175
	舟状・月状骨間解離、三角・月状骨間解離における後遺障害のキモ？ 175	
50	キーンベック病＝月状骨軟化症	176
	キーンベック病＝月状骨軟化症における後遺障害のキモ？ 177	
51	手根骨の骨折　手根不安定症	177
	手根不安定症における後遺障害のキモ？ 178	
52	手根骨骨折のまとめ	178
	手根骨骨折における後遺障害のキモ？ 179	
53	手根骨の骨折　TFCC損傷	180
	TFCC損傷における後遺障害のキモ？ 181	
54	手指の各関節の側副靭帯損傷	183
55	手指伸筋腱損傷	184
56	手指の伸筋腱脱臼	185
57	手指の屈筋腱損傷	185
58	手指の脱臼と骨折　中手骨頚部骨折	186
59	手指の脱臼と骨折　中手骨基底部骨折	187
60	手指の脱臼と骨折　中手骨骨幹部骨折	187

61	手指の脱臼と骨折　ボクサー骨折	187
62	手指の脱臼と骨折　PIP関節脱臼骨折	187
63	手指の脱臼と骨折　マレットフィンガー＝槌指	188
64	手指の脱臼と骨折　親指CM関節脱臼	188
65	クロスフィンガー	189
	クロスフィンガーにおける後遺障害のキモ？　191	
66	突き指のいろいろ	191
	突き指における後遺障害のキモ？　193	
67	手指の靭帯・腱損傷および骨折における後遺障害のキモ	193
68	参考までに、手指の欠損について	197
	手指の欠損における後遺障害のキモ？　198	

●耳の障害

1　耳の構造

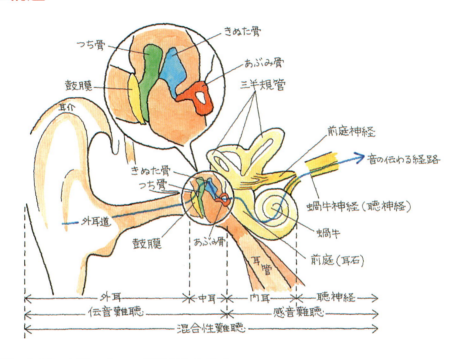

耳には、外耳、中耳、内耳の3つの部屋があります。
外界の音は、外耳より侵入し、鼓膜を振動させます。
鼓膜の振動は、中耳を通り、内耳の蝸牛内部に満たされているリンパ液に伝わり、ここで液体振動に変換されます。液体振動は、蝸牛奥部のラセン器官を刺激します。
刺激が、内耳神経によって大脳の聴覚中枢に伝えられ、人は音を感じるのです。

内耳の後方にある三半規管と前庭は、身体の平衡機能を担当しています。
それぞれが回転運動・直線運動に反応し、反射的に全身の随意筋・不随意筋をコントロールして、視覚・深部感覚・小脳の助けにより、身体の運動や頭の位置を正常に保持しています。

※耳介
耳介は、軟骨の折れ曲がるヒダにより、集音と音の方向性の確認に有効な役割を果たしています。
耳たぶは、耳の下部に垂れ下がった部分で耳垂とも言います。
耳介の後ろに手をかざすと、音が大きく聞こえるのは、集音作用の働きです。

「私の耳は貝のから／海の響きをなつかしむ」
フランスの詩人、ジャン・コクトーの詩を、堀口大学さんが訳したもので、心に響くたった2行の詩です。

耳介は、貝殻に似ていて耳殻とも言います。

※外耳道
成人で長さが3cm、くの字型に曲がり、奥に鼓膜が位置しています。
外耳道は、音を共鳴させ、鼓膜まで導く筒としての役目を果たしています。
入り口から1cmは、短毛により、虫などの異物が入らないようになっています。
そこには耳垢腺が存在して、脂や耳垢を分泌しています。

※鼓膜
9×10mmの楕円形で、厚さ1mm、外耳道の突き当たりに位置し、外耳道に対して、30°傾斜しており、空気の振動に敏感に反応して、振動しています。

※鼓室
鼓膜の内側から中耳となり、鼓膜の内側は、空気に満たされ、音を伝えるのに適した状態に保たれている鼓室です。

※耳小骨
鼓室の中は、左側から、つち骨（槌骨）、きぬた骨（砧骨）、あぶみ骨（鐙骨）の微小な3つの骨が関節で連結しており、3つの微小骨を耳小骨、連結を耳小骨連鎖と呼んでいます。

つち骨は一部が鼓膜に密着、あぶみ骨は、一部が、内耳の蝸牛の前庭窓にはまりこんでいて、耳小骨は、鼓膜の振動を内耳に伝える装置を形成しているのです。
外耳道からの音は、鼓膜と耳小骨の連鎖により、増強されて、内耳の液体に伝わっています。
耳小骨は、人体を構成している207個の骨の中では、最も小さい骨です。

※耳管
鼻の奥にある咽頭に連結しており、中耳内の気圧の変化を調整しています。
普段は閉じていますが、モノを飲み込んだり、あくびをしたときに、耳管は開きます。
耳管の開閉により、中耳内の圧と大気圧を、一定に調節することができるのです。
高い山や、飛行機で上昇すると、耳が詰まったような症状が出現します。
中耳と大気圧に差が生じ、鼓膜が引っ張られると、ツーンと詰まった感じになるのです。
唾を飲む、あくびをすると、耳管が開き、圧力の調整が行われ、詰まった感じが無くなります。
唾を飲み込むと、両耳にゴックンという音を感じるのですが、これが耳管の開く音です。

※内耳
内耳は、音の感覚器である蝸牛と、身体の平衡感覚器である半規管と前庭で構成されています。
半規管は、からだのバランスを保持する役割を果たしています。
半規管は、3つ存在しているところから、三半規管と呼ばれています。
身体の平衡を維持し、運動の加速度を感じ、回転加速度を感じ取っています。
身体をグルグル回転させると、めまいがしてふらつきますが、これは、三半規管が刺激されたことによるものです。

※前庭
耳石器といわれる器官があり、重力・遠心力・直線加速度・頭の位置などの外部からの刺激を感じとっています。エレベーターで、上がり下がりの感覚を感じ取るのは耳石器です。

※蝸牛
音を感じ取る蝸牛の中は、リンパ液で満たされています。
中耳から伝えられた振動はここで液体の波に変化します。
液体の波は、有毛細胞によって電気信号に変換され、聴神経から大脳へ伝えられています。

2　外耳の外傷・耳介血腫(じかいけっしゅ)

上記の写真は、北京オリンピック、柔道の金メダリスト、石井慧さんですが、両耳とも、かなりひどい耳介血腫となっています。

耳介は、軟骨の上に、軟骨膜と皮膚を貼り付けたような形であり、耳介が強く擦られると、皮膚と軟骨の間が剥がれてすきまができ、そこに血液がたまって、紫色に腫れ上がります。
たまった血液＝血腫が、軟骨への血液供給を遮り、軟骨は壊死して耳が変形するのです。

この変形は、力士耳、カリフラワー耳と呼ばれ、相撲、柔道、レスリング、ボクシング、ラグビーの選手によく見られるのですが、交通事故でも、歩行者、自転車やバイクの運転者に多発しています。

すきまにたまった血液は、注射針で吸い取っても、すぐに、またたまってくるのです。
完璧に治癒させるには、すきまをなくすオペを受けなければなりません。
耳介血腫を繰り返すと、そのすきまを埋めるように、軟骨が盛り上がり、耳介が変形します。
こうなると、オペで新しくできた軟骨を切除する治療が選択されています。

放置すると、元に戻ることはありません。

耳介は硬くなり、付け根が切れやすくなります。

3　耳介裂創（じかいれっそう）

耳介が強く擦られると、耳介血腫を引き起こすことがあると、前に説明しました。
ここでは、耳介の強い擦過傷による、耳たぶが切れたもの、引きちぎられたもの、耳介裂創を解説します。

どこがファッショナブルなのか、私には分かりませんが、男のピアスも珍しくなくなりました。
そんな流行もあって、交通事故により、歩行者、自転車、バイクの運転者で、ピアスごと、耳を引きちぎられるお気の毒な例が増えています。

自賠法では、耳介の軟骨部の2分の1以上を欠損したものは、耳殻の大部分の欠損に該当し、12級4号が認定されています。これは、1耳を想定していますから、両耳では、併合で11級が認定されます。

ただし、醜状障害で捉えると、7級12号に該当します。
いずれか上位の選択となりますが、醜状障害では、両耳であっても併合はありません。

耳殻の2分の1に達しない欠損であっても、外貌の醜状に該当すれば、12級13号が認定されます。

4　耳垂裂（じすいれつ）

交通事故により、ピアスなどで耳を引きちぎられたものは耳介裂創と診断されますが、それよりも小規模で引き裂けたものは、耳垂裂と診断されています。
耳垂裂では、組織が残っていることがほとんどで、修復、形成は容易で、後遺症を残しません。

耳介が引きちぎれたときも、事故直後に対応され、その部分が小さければ、そのまま縫合できます。
また、大きくても顕微鏡下の手術で血管を縫合できれば、再接着します。
他にも、いくつかの形成手術の方法があり、形成外科の専門医を受診しなければなりません。

耳介血腫、耳介裂創における後遺障害のキモ？

1）耳介血腫、耳介裂創であっても、事故後早期に適切な処置やオペがなされれば、ほとんどで、後遺障害を残すことなく治癒しています。
耳介血腫では、穿刺、吸引で血液を除去し、穿刺針を2週間ほど留置する方法や耳介の後面を切開、軟骨を除去することで、前面の血腫を除くオペも採用されています。

2）しかし、頭部外傷、意識喪失、瞳孔散大では、ICUで、頭部外傷の治療が優先されます。
耳介血腫や耳介裂創は、止血処置のみで放置されます。
後遺障害を残すのは、一般的には、このパターンです。
耳殻の2分の1以上の欠損は予想されないところから、醜状障害として、12級14号もしくは9級16号をめざすことになります。

5　耳鳴り

耳鳴りとは、どこからも音が聞こえないのに、耳あるいは頭蓋内に音を感じる状況です。
被害者の多くは、昼間は何ともないが、夜、布団に入るとジンジン、ザワザワとして眠れない？
このように訴えます。
聴覚伝達路やその周辺に何らかの異常があって発症すると考えられていますが、
医学的には未だ十分に解明されていない状況です。

交通事故では、自律神経失調症による、血流障害が1つの原因とされていますが、これは、バレ・リュー症候群ですから、ペインクリニック、麻酔科の交感神経節ブロック療法を続ければ、平均的には2カ月で改善が得られ、後遺障害の対象ではありません。
では、後遺障害の対象となる耳鳴りを解説していきます。

耳鳴りにおける後遺障害のキモ？

1）ムチウチ、頸部捻挫を原因とする耳鳴りは、これまで後遺障害としては、認定対象外でした。
ところが、5年ほど前から、後遺障害が認定されているのです。
ネット上では、認定されないとする意見が主流ですが、当方では、複数例を経験しています。
多数の相談を受けていると、見えないものも見えてくる、これを経験則と呼んでいます。

2）頸椎捻挫では、整形外科・開業医におけるリハビリ治療が中心となります。
しかし、受傷直後から耳鳴りが感じられるときは、整形外科においてもその症状を訴え、カルテに自覚症状として、耳鳴りの記載を受けなければなりません。
そして、日を置かずに、耳鳴り外来が設置されている耳鼻科を受診するのです。

耳鼻科では、難聴を確認する目的で、オージオグラム検査が行われます。
検査結果表の下部には、標準純音聴力検査における平均聴力レベルが記載されています。

3分法、4分法、6分法で左右の聴力が記載されているのですが、注目すべきは、6分法です。

6分法における平均聴力レベルが、30db以上であれば、後遺障害の対象となります。

耳鼻科で治療を開始、受傷から6カ月を経過してなお耳鳴りの症状が改善しないときは、耳鼻科で後遺障害診断をお願いすることになります。

耳鳴りを立証する他覚的検査は、純音聴力検査機を用いるピッチ・マッチ検査、ラウドネス・バランス検査、マスキング検査等ですが、さらに精度の高い新兵器として、リオン株式会社の耳鳴り検査装置、TH-10と耳音響放射装置、OAEが登場しています。

これらを備えた耳鼻咽喉科であれば、難聴と耳鳴りの立証は簡単です。

3）症状固定段階で、ピッチ・マッチ検査を受け、耳鳴りの音質を、さらに、ラウドネス・バランス検査で耳鳴りの音量を立証します。

①30dB以上の難聴を伴い、著しい耳鳴りを常時残すことが、ピッチ・マッチやラウドネス・バランス検査で立証できるものは、12級相当が認定されています。

②ピッチ・マッチやラウドネス・バランス検査で立証はできないが、30dB以上の難聴を伴い、常時、耳鳴りを残すものであれば、14級相当が認定されています。

4）12級相当は、複数の経験をしていますが、14級相当の経験則はありません。

上記は、労働災害補償保険の認定基準から引用していますが、困ったことに、自賠責保険では、これらの認定基準を明らかにしておらず、正確なところは分かりません。

ちなみに、労災保険では、「ピッチ・マッチ検査などで裏付けることはできないものの、症状に一貫性があるなど、耳鳴りがあることが窺われるものは14級を認定します。」と説明されています。

頚椎捻挫の逸失利益は、裁判であっても14級9号で5年、12級13号で10年程度が最大ですが、耳鳴りで12級相当が認定されたときは、他覚的所見が立証されており、67歳までの請求となります。

したがって、耳鳴りは、見逃せない後遺障害です。

最悪のパターンは、耳鼻咽喉科の受診が遅れたケースです。
受傷から3カ月以上を経過した時点で、耳鼻科を受診、耳鳴りが立証されたとしても、本件事故との因果関係を立証することができません。
外傷医学の常識では、すべての症状は、受傷から3カ月以内に出現するとされているからです。
このケースでは、後遺障害は非該当とされます。

耳鳴りが気になりだしたときは、ためらわずに耳鼻科を受診する！　このことを忘れないでください。

※dB、デシベルってなに？
現実の競争社会では、得点の高い方が優れている、順位が上であることが圧倒的です。
野球、サッカー、フィギュアスケートでは、得点の高い方が勝者となります。
短距離やマラソンは時間との戦いであり、速い方が勝ちですが、我々は順位で見ており、違和感はありません。ところが、その錯覚で混乱するのが、聴力です。
聴力は音の大きさであるデシベル、dBと、音の高低を表す周波数ヘルツ、HZを交差させて求められています。したがって、dBの数値は小さいほど、よく聞こえる、優れていることになります。

音の大きさ＝dB	聞こえのレベル
0	健常者が聴き取れる最も小さい音、正常、
20	会話が聞き取りにくい、間違えることがあるレベル、正常
30	正常との境界レベル、軽度難聴、
40	静かな会話、普通の話し声がやっと聞き取れるレベル、軽度難聴、
50	中度難聴
60	普通の話し声、大声で話せば、なんとか聞き取れるレベル、中度難聴、
70	高度難聴
80	大きな声の会話、電車がホームに入る音が感じられるレベル、高度難聴、
90	怒鳴り声、叫び声、高度難聴、
100	耳元での叫び声、ろう
120	かなり近くからのサイレン、飛行機の爆音が感じられるレベル、ろう

健康診断では、オージオメーターを使用して1000HZと4000HZで検査を行っています。
1000HZでは、日常会話に必要な聴力のレベルを調べ、
4000HZは、高音域で発生する難聴を早期に発見する必要から調べているのです。
つまり、オージオメーターから発生する大小の音を聴き取れるかで難聴を判定しているのです。
1000HZにおける正常値は、0～30dB
4000HZにおける正常値は、0～40dB
いずれも、0に近いほど、よく聴き取れることになります。
19歳では、正常値は0dBですが、年齢により聴力も衰えることから、範囲設定がなされています。

難聴で身体障害者手帳の交付がなされるのは、聴力レベルが70dB以上からです。
伝音性難聴は補聴器で矯正できますが、感音性難聴は矯正ができません。

5）6分法で30デシベル以上の難聴を立証できないときは、耳鳴りで後遺障害の認定はありません。
その耳鳴りは、頚部交感神経の損傷を原因とするバレ・リュー症候群と予想されるところから、整形外科に並行してペインクリニックを受診、星状神経節ブロックを受けて改善を果たすことになります。
平均的には、2週間に1回のペインクリニックの通院で、2カ月もすれば、改善が得られます。

6）耳鳴りで後遺障害が認定されても、その後も耳鼻咽喉科でTRT療法を続けます。
耳鳴りそのものは治りませんが、治療の効果により、日常生活で気にならなくなります。
TRT療法を実施している治療先は、耳鳴り　耳鼻科　TRT療法でネット検索してください。

※オージオグラムの見方
耳の聞こえを、図表で表したものをオージオグラムと言います。

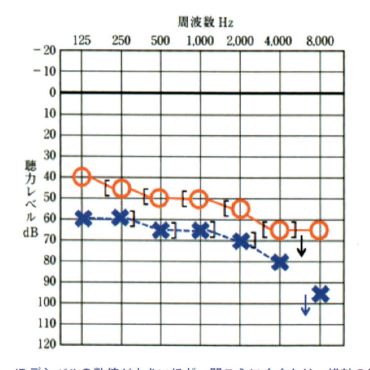

縦軸の聴力レベル、dBデシベルの数値が大きいほど、聞こえにくくなり、横軸の周波数は、125Hzが低音、8000Hzが高音となります。
聴力検査には、気導聴力検査と骨導聴力検査の2種類があります。

気導聴力検査は、ヘッドホンを耳にあてて検査しますが、反応があると、右耳は赤い○、左耳は青い×で表示します。

もう1つの骨導聴力検査は、カギ括弧［　］で表示され、右が［、左が］となります。
骨導とは、振動で音を伝える方法であり、耳の裏にある骨に振動を加えて、音を伝えます。
これにより、直接音を感じる内耳に、音を伝えることができます。
なお、骨導聴力検査では、125Hz、8000Hzは調べません。

6　外傷性鼓膜穿孔

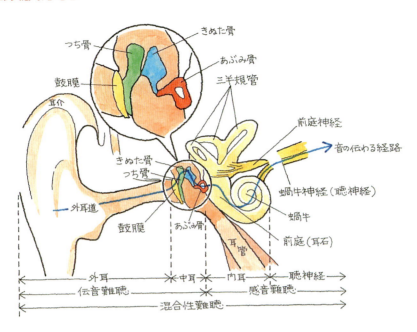

外耳道の外傷には、耳かきなどで外耳道を傷つける、虫や小石などの異物が外耳道に入ることで発症していますが、消毒をして抗菌性の軟膏を塗布しておけば、後遺症を残すことなく、治癒しています。

中耳の外傷は、
①鼓膜穿孔のみのもの、
②耳小骨の損傷を伴うもの、
③あぶみ骨の脱臼による外リンパ瘻を伴うもの
以上の3つに大別することができます。

①鼓膜穿孔のみのもの、
交通事故では、側面の出合い頭衝突による衝撃により、少数例ですが、鼓膜穿孔を発症しています。
鼓膜が破れた瞬間は、騒音と疼痛、外耳出血があり、難聴、耳閉感、耳鳴りなどの症状が出現します。

鼓膜の穿孔は、感染がなければ、1カ月以内で自然に閉鎖するので、保存的に自然治癒を待ちます。

②耳小骨の損傷を伴うもの、
耳小骨とは、あぶみ骨、きぬた骨、つち骨の3つの微小な骨の総称であり、外部から音として鼓膜に伝わった振動を内耳に伝える働きをしています。

衝撃波により、鼓膜だけでなく耳小骨まで損傷することがあります。
耳小骨連鎖が断裂すると、難聴を発症します。
治療は、まず、抗生物質の投与で炎症を防止し、耳内を清掃して乾燥状態に保ちます。
鼓膜穿孔が陳旧化した後、耳小骨の整復も併せて鼓室形成術の実施が一般的です。

③あぶみ骨の脱臼による外リンパ瘻を伴うもの

あぶみ骨の底部が破損、前庭窓や蝸牛窓が傷つくと、内耳の中の液が外に漏出する、外リンパ瘻を発症することがあります。

症状としては、強いめまいや高度な難聴、伝音難聴＋感音難聴があります。

治療は、緊急的に入院、外リンパ瘻閉鎖術、手術療法が実施されています。

感染が加わり、慢性中耳炎に移行したときも、入院による鼓室形成術が必要となります。

外傷性鼓膜穿孔における後遺障害のキモ？

１）鼓膜の穿孔にとどまるものは、後遺症を残すことは、ほとんどありません。

鼓膜穿孔に伴い、中耳炎＝急性化膿性中耳炎を発症すると、難聴、耳鳴り、耳漏などの症状により、いつまでたっても、鼓膜の穿孔が塞がらない状況になります。

鼓室形成術で対応されますが、軽度な難聴、耳鳴りの後遺障害を残すことがあります。

耳鳴りの立証は、「5　耳鳴り」で解説しています。

２）耳小骨離断、ズレなどにより、つち骨、きぬた骨、あぶみ骨の耳小骨連鎖が切断されると、高度な伝音性難聴が出現、また、耳小骨への衝撃が強いときは、内耳の損傷や三半規管の震盪などにより、めまいを伴うこともあります。

耳小骨離断、ズレでは、鼓室形成術が行われており、一過性のめまいは、オペで改善しますが、連鎖の修復が不十分であるときは、難聴の後遺障害を残します。

※難聴の後遺障害等級について

両耳の聴力に関するもの	
4級3号	両耳の聴力を全く失ったもの、 平均純音聴力レベルが90dB以上、または80dB以上で、かつ、最高明瞭度が30％以下のものを説明しています。
6級3号	両耳の聴力が耳に接しなければ大声を解することができない程度になったもの、 耳に接しなければ大声を解することができないとは、80dB以上、または50dB〜80dB未満で、かつ最高明瞭度が30％以下のものを説明しています。
6級4号	1耳の聴力を全く失い、他耳の聴力が40cm以上の距離では普通の話声を解することができない程度になったもの、1耳が90dB以上、かつ、他耳が70dB以上のものを説明しています。
7級2号	両耳聴力が40cm以上の距離では普通の話声を解することができない程度になったもの、 両耳が50dB以上で、かつ、最高明瞭度が50％以下のものを説明しています。
7級3号	1耳の聴力を全く失い、他耳の聴力が1m以上の距離では普通の話声を解することができない程度になったもの、1耳が90dB以上で、かつ、他耳が60dB以上を説明しています。
9級7号	両耳の聴力が1m以上の距離では普通の話声を解することができない程度になったもの、 両耳が60dB以上、または50dB以上で、かつ、最高明瞭度が70％以下のものを説明しています。
9級8号	1耳の聴力が耳に接しなければ大声を解することができない程度になり、他耳の聴力が1m以上の距離では普通の話声を解することが困難である程度になったもの、 1耳が80dB以上で、かつ、他耳が50dB以上を説明しています。
10級5号	両耳の聴力が1m以上の距離では普通の話声を解することが困難である程度になったもの、両耳が50dB以上、または40dB以上で、かつ、最高明瞭度が70％以下のものを説明しています。

| 11級5号 | 両耳の聴力が1m以上の距離では小声を解することができない程度になったもの、両耳が40dB以上のものを説明しています。 |

1耳の聴力に関するもの	
9級9号	1耳の聴力を全く失ったもの、1耳の聴力を全く失ったものは、90dB以上のものを説明しています。
10級6号	1耳の聴力が耳に接しなければ大声を解することができない程度になったもの、80dB〜90dB未満のものを説明しています。
11級6号	1耳の聴力が40cm以上の距離では普通の話声を解することができない程度になったもの、70dB〜80dB未満、または、50dB以上で、かつ、最高明瞭度が50％以下のものを説明しています。
14級3号	1耳の聴力が1m以上の距離では小声を解することができない程度になったもの、40dB〜70dB未満のものを説明しています。

視力では、メガネやコンタクトレンズで矯正された視力で後遺障害等級を認定していますが、難聴では、裸の聴力で等級が認定されています。
本件の伝音性難聴は、補聴器で矯正することができます。

※難聴を立証する他覚的検査

聴力障害検査	
検査の内容	検査機器
純音聴力検査	オージオメーター
語音聴力検査	スピーチオージオメーター
ABR、聴性脳幹反応	ABR
SR、あぶみ骨筋反射	インピーダンスオージオメトリー

①純音聴力検査
オージオメーターを使用し、気導聴力検査と骨導聴力検査の2つが実施されます。
気導とは空気中を伝わってきた音、骨導とは焼鳥の軟骨を食べたときにコリコリと感じる音で、頭蓋骨を伝わってきた音のことです。
耳をふさいで軟骨をかじるとすぐに分かります。

額と耳たぶに電極シールをつけ、ヘッドホンからの音を聞いて検査します。
検査時間は、30〜40分、検査費用は3割負担で2010円となります。
難聴には伝音性、感音性、これらの2つが重なり合った混合性がありますが、伝音性は気導聴力検査で、感音性は骨導聴力検査で判定するのです。

聴力はデシベル（dB）で表示します。
500、1000、2000、4000ヘルツ（Hz）のレベルで3回の検査を実施し、2回目、3回目の測定値の平均値を取り、6分法の計算式で平均純音聴力レベルを求め、認定します。

6分法の計算式とは、
500Hzの音に対する純音聴力レベル⇒A
1000Hz⇒B
2000Hz⇒C
4000Hz⇒D
（A＋2B＋2C＋D）÷6＝平均純音聴力レベル
こんなことを覚える必要は、全くありません。

検査に3回出かけること、
検査と検査の間隔は7日程度開けること、
後遺障害等級は、2回目と3回目の平均純音聴力レベルの平均で認定がなされること、
同一ヘルツの検査値に10dB以上の差が認められると、測定値としては不正確と判断されること、
両耳の聴力障害は、1耳ごとに等級を定めて併合しないこと、

どうして3回なの？
3回の検査で有意差がないことを確認、つまり再現性をチェックしているのです。
これらは、覚えておくと便利です。

②語音聴力検査
言葉の聞こえ方と聞き分ける能力を検査します。
言語明瞭、意味不明は、竹下元総理の専売特許でしたが、「ここでは音は聞こえるが、言葉として聞き取れない？」そんな状況を説明しています。

スピーチオージオメーター

スピーチオージオメーターを使用し、語音聴取閾値検査と語音弁別検査が実施されます。

検査値はヘルツごとに明瞭度で表示され、その最高値を最高明瞭度として採用します。
これらの2つの検査、事実上は4つの検査から求められた数値で、聴力を判断するのです。

●耳の障害

③注意点
聴力障害の等級は、純音聴力と語音聴力検査の測定結果を基礎に、両耳では6段階、片耳では4段階の等級が設定されています。
両耳の聴力障害については、障害等級表の両耳の聴力障害で認定、片耳ごとの等級による併合の扱いは行いません。

④後遺障害診断における聴力障害立証のチェックポイント

立証の検査	純音聴力検査（オージオメーター）、語音聴力検査（スピーチオージオメーター）
聴力検査の回数	日を変えて3回、
聴力検査の間隔	検査と検査の間隔は7日間、
後遺障害等級の認定	等級は、純音聴力検査では、2回目と3回目の測定値の平均で認定されます。 2回目と3回目の測定値に10dB以上の差が認められる場合は、さらに、聴力検査を行って、2回目以降の検査で、その差がもっとも小さい（10dB未満）ものの平均により認定されます。
平均純音聴力の求め方	A周波数500ヘルツ、 B周波数1000ヘルツ C周波数2000ヘルツ D周波数4000ヘルツ 上記のレベルで聴力を測定し、（A＋2B＋2C＋D）÷6の式で求めます。

眼科と同じく耳鼻科の日常の診療は、外耳・中耳・内耳炎の治療等が中心です。

頭部外傷を原因とする聴覚神経の損傷は本来、脳神経外科や神経耳鼻科領域で、普通の耳鼻科が得意とするところではありません。
したがって、頭部外傷を原因とする聴覚障害は、担当科の紹介で、検査のみの受診です。
検査結果を脳神経外科に持ち帰り、後遺障害診断書の記載は、そちらでお願いすることになります。
被害者の勝手な判断で町の耳鼻科を受診、事故との因果関係の立証をお願いする？
これは、実にナンセンスで、協力が得られることはありません。
耳鼻科にお願いするのは、立証のための検査だけです。
因果関係？　一切関係ありません。

難聴を治療する上で、1週間ごとに3回の検査は全く必要ありません。
これは後遺障害等級を確定させる目的の検査ですから、専門医のほとんどが承知していません。
脳神経外科の医師にそれを伝え、1週間ごとに3回の検査を行うよう指示をお願いすることになります。
検査表のすべてをコピーで回収して添付しなければなりません。

⑤ABR＝聴性脳幹反応、SR＝あぶみ骨筋反射
従来は、先の純音聴力検査と語音聴力検査で聴力の確認は可能です。
しかし、これらの検査は被害者の自覚的な応答で判定がなされています。
損保料率算出機構調査事務所は、被害者は必ずごまかすものだ？
頑なに思い込んでいますから、先の検査結果に不審を感じたときは、さらに執拗に他覚的聴力検査を求めてきます。
ABR・聴性脳幹反応とSR・あぶみ骨筋反射が、ごまかしようのない検査となります。

ABRは音の刺激で脳が示す電気生理学的な反応を読み取って、波形を記録するシステムです。
被害者の意思でコントロールすることはできません。
被害者が眠っていても、検査は可能です。

中耳のあぶみ骨には耳小骨筋が付いています。
大音響が襲ってきたとき、この耳小骨筋は、とっさに収縮して内耳を保護します。
この収縮作用を利用して聴力を検査するのがSRです。

インピーダンスオージオメトリー

インピーダンスオージオメトリーで検出します。
ABRに同じく、被害者の意思でコントロールはできません。

3）あぶみ骨の脱臼による外リンパ瘻を伴うもの
外リンパ瘻とは、中耳と内耳の境界の膜が破れ、内耳内のリンパ液が漏れる状態です。
症状としては、強いめまいや高度な難聴、伝音難聴＋感音難聴があり、治療は、緊急的に入院、外リンパ瘻閉鎖術、手術療法が実施されています。

内耳の入り口に強烈な振動が伝わると、高音障害型の神経性難聴やめまいを生じることがあります。ほとんどは、一過性神経障害ですが、聴神経の回復が悪いときは、約2週間で、症状は固定傾向となり、1カ月もすれば、神経性難聴、めまいなどが後遺障害として残ります。

※めまい・失調および平衡機能障害の後遺障害等級

等級	認定基準
3級3号	生命の維持に必要な身の回り処理の動作は可能であるが、高度の失調または平衡機能障害のために終身労務に就くことができないもの、
5級2号	著しい失調または平衡機能障害のために、労働能力が極めて低下し一般平均人の4分の1程度しか残されていないもの、
7級4号	中程度の失調または平衡機能障害のために、労働能力が一般平均人の2分の1以下程度に明らかに低下しているもの、
9級10号	一般的な労働能力は残存しているが、めまいの自覚症状が強く、かつ、他覚的に眼振その他平衡機能検査の結果に明らかな異常所見が認められるもの、
12級13号	労働には通常差し支えがないが、眼振その他平衡機能検査の結果に異常所見が認められるもの、
14級9号	めまいの自覚症状はあるが、他覚的には眼振その他平衡機能検査の結果に異常所見が認められないもので、単なる故意の誇張でないと医学的に推定されるもの、

※平衡機能障害

人間の身体の平衡機能は、
①三半規管や耳石の前庭系、
②視覚系、
③表在・深部知覚系、

以上の3系統から発信された情報を小脳および中枢神経系が統合して左右のバランスを取り、維持されています。平衡機能障害をきたす部位は上記の3つの規管以外にも脳幹・脊髄・小脳の中枢神経系が考えられるのです。

耳鼻科の教科書によるめまいの分類

①定型性めまい＝末梢性障害・内耳性めまい
周囲がぐるぐる回る、床が傾く、壁が倒れるなど、回転性のめまいが中心的な症状で、内耳、前庭神経、脳幹の前庭核、これらと密接な関係にある小脳の障害によるものです。
症状の程度が強く、頭位や体位を変えることによって、症状が増悪し、多くは、耳鳴りや難聴などの症状を伴います。

②非定型性めまい＝中枢性障害
末梢性よりも高位の中枢神経系の障害によるもので、ふらつく、宙に浮いた感じ、目の前が暗くなるなど、身体の不安定感を訴えます。
末梢性めまいとは全く逆で、身体不安定感が主症状で、症状の程度は軽く、頭位や体位変換により、めまいが増強することはありません。
また他の神経症状を合併することが多いのですが、耳鳴りや難聴を伴うことはありません。

※他覚的検査による立証

検査名	実施されるテスト
眼振検査	①注視眼振検査 ②自発眼振検査 ③頭位眼振検査 ④頭位変換眼振検査
迷路刺激検査	①温度刺激検査 ②Visual suppression検査 ③回転刺激検査 ④直流電気刺激検査 ⑤前庭誘発筋電位検査、VEMP
視刺激検査	①視運動性眼振検査 ②追跡眼球運動検査
静的平衡検査	①両脚直立検査 ②Mann検査 ③単脚直立検査 ④重心動揺検査
動的平衡検査	①指示検査 ②書字検査 ③足踏検査 ④歩行検査

めまいの検査

立証のための検査は、5項目、19種類がありますが、すべての検査を受ける必要はありません。
まず、医師には、めまいの症状を具体的に、正確に伝えることです。

①難聴、耳鳴り、悪心・嘔吐などの随伴症状が、あるか、ないか？
②めまいなどの時間的経過や持続時間、
③めまいが、反復するか、しないか？
④起立したときに、頭頸部の位置を変えるとめまいが生じるか、どうか、その位置は？
これらの自覚症状から、医師が上記の検査を選択します。

１）眼振検査
眼球の不随意、異常な動きをフレンツェル眼鏡、赤外線CCDカメラ、暗所ENG記録で観察します。

①注視眼振検査
モノを注視した状態で眼振の有無を調べる検査で、頭を動かさずに、視線を上下左右に移して、その際に眼振が現れるかどうかを観察します。

②非注視眼振検査
モノを注視しない状態で、眼振が起こるかどうかを調べる検査で、目の焦点が合わないようにするためにフレンツェル眼鏡という検査用の特殊なメガネを装着して検査が行われます。
フレンツェル眼鏡は、厚い凸レンズにより、目の焦点が合わず、モノが見えにくくなります。
眼科医からは患者の目が拡大されて見え、眼球の動きがよく観察できるようになっています。
最近では、赤外線CCDカメラを用いて、眼球の動きを録画する眼振検査が行われています。

内耳に障害があるときは、非注視眼振検査で眼振が現れやすく、注視眼振検査では眼振が現れにくいのですが、小脳や脳幹に障害のある人は、双方の検査で眼振が起こります。

小脳や脳幹には内耳の働きを補う機能があり、内耳の障害によって眼振が起こりそうになると、モノを注視することで眼振を抑えようとします。
小脳や脳幹の機能が正常でないと、モノを注視する注視眼振検査でも眼振が現れることになります。
障害が内耳にあるときは、小脳や脳幹の機能は正常に働き、注視眼振検査では眼振は起こりません。

③頭位眼振検査
赤外線CCDカメラを装着、座位・仰臥位・懸垂頭位にて、静的な頭位変換による検査が行われます。
耳石器刺激による末梢および中枢前庭系の不均衡に基づく眼振を検出します。
明らかな眼振は、病的と判断されます。

イラストは、フレンツェル眼鏡ですが、最近では赤外線CCDカメラにより検査が行われています。

④頭位変換眼振検査
急激な頭位変換により、動的な前庭刺激を与えて生ずる眼振を観察するもので、眼振は耳石器と半規管の刺激で誘発されます。

2）迷路刺激検査＝カロリック検査
温度、電気あるいは回転刺激を末梢前庭や前庭神経に与えたときに生じる眼振や前庭脊髄反射の異常を調べる検査です。

①温度刺激検査
外側半規管は3半規管の1つですが、内耳の外側にあって、外耳道に近く、外耳道からの温度の影響を受けやすい部位です。
外耳道に44℃の温水、30℃の冷水を注入すると、温水や冷水と体温との差により外側半規管内の内リンパ液に対流が生じます。
対流が外側半規管のクプラを偏倚させ、温水注入時は外側半規管が興奮し、冷水注入時は抑制され、眼振を誘発する検査です。
半規管機能低下が20％以上あるいは最大緩徐相速度が10°/秒未満のときは、水平半規管の反応低下とし、同側の末梢前庭、前庭神経障害を示唆しています。

②Visual suppression検査
温度眼振反応が最大になったときに、眼前50cmの指標を固視させると眼振解発が抑制されます。
抑制の低下や消失を示すと小脳障害が疑われます。

③回転刺激検査
水平回転を行うと、頭部に加わった加速度により、水平半規管が刺激を受け、回転中と回転後に眼振が生じるのですが、前庭機能の左右差が有意なときは、末梢性前庭障害が疑われます。

④直流電気刺激検査
耳後部に直流通電することによって得られる眼振や身体動揺を観察します。
反応の減弱や消失があるときは、迷路よりも前庭神経の障害が疑われます。

⑤前庭誘発筋電位検査、VEMP
大きな音響刺激によって誘発される胸鎖乳突筋の反応を計測するものです。
球形嚢、下前庭神経系の異常を検出するのに有用な検査として、近年、普及しています。

3）視刺激検査

①視運動性眼振検査
走行中の車の窓から景色を眺めるときは、1つの物体を注視してある程度視点を動かしていき、どこかで視点を外して、次の物体に焦点を移すという作業を繰り返しています。
目の動きは、物体を追っているときの動きと、視点を戻すときの急激な動きに分かれますが、戻りの眼振が起きない、タイミングの悪い動き、動きを追わずに反対方向へ視点が振れるときは、中枢性のめまいが示唆されます。

②追跡眼球運動検査

滑らかなパターンで目がモノを追跡するかをチェック、正常であれば、滑らかなサイン曲線の波が出ますが、小脳や脳幹障害では、曲線にはならず、ギザギザや遅れて途切れる波が出現します。

4) 体平衡検査
静的平衡検査では、
①両脚直立検査

両足を揃えて直立し、開眼と閉眼でそれぞれ60秒間観察します。
内耳、前庭神経障害、下肢深部知覚障害では、明るい所では、平衡は保たれるが、暗い所でふらつきが著しいことが知られています。
小脳障害では、明所、暗所ともにふらつきが著しく、両者の差が少ないことが特徴です。

②Mann検査
両足を一直線上に前後で揃え、開眼と閉眼でそれぞれ30秒間観察します。

③単脚直立検査
挙上足の大腿が水平になるように片足で直立し、開眼で30秒間、閉眼で15秒間観察します。

④重心動揺検査
重心動揺計を用いて、30～60秒間に両脚直立したときの重心の移動を分析します。

動的平衡検査では、
①指示検査
座位の状態で示指を伸ばし、上肢を上方に垂直に挙げた位置から水平の高さに下して、前方に示した目標を指示させます。
開眼で10回、同じ動作を反復させて、指示点より10cm以上の偏示を異常とします。

②書字検査
遮眼で4～5文字の縦書きをさせて偏倚角度を測定し、10°以上の偏倚を異常とします。

③足踏検査
両側上肢を水平に挙上して、遮眼で100歩足踏みをさせ、回転角や移行距離を測定します。
回転角91°以上、移行距離1m以上を異常と判断します。

④歩行検査
遮眼で6mの直線上を前進および後退させ、直線上からの偏倚距離を測定します。
前進で1m、後退で1.4m以上の左右の偏倚を異常と判断します。

最新の検査機器
先のイラストは、2005年3月に出版した、「交通事故後遺障害マニュアル」で使用したものです。

●耳の障害

10年を経過した現在でも、これらの検査が行われていますが、最新の検査機器も登場しています。

1）ビデオ式眼振計測装置、VOG

ビデオ式眼振計測装置、VOG

自発眼振検査、頭位眼振検査、頭位変換眼振検査、カロリック検査などに対応しており、前庭検査をPCにカメラを接続し起動するだけで、簡単に計測、解析ができて、精度も高いのです。
ENGのように電極を貼り付けることや、校正を行う必要がなく、被験者の負担が少なく、簡易に検査を行うことができます。

エアーカロリック装置

2）エアーカロリック装置は患者と検査員両方の負担を減らす新しいカロリックの検査方法です。
30度の冷水、44度の温水を用意することなく、温風、冷風を注入して、温度眼振刺激を与えます。
注水式に比べ被験者に対して負担が少ないカロリック検査を実施することができます。

3）Titan聴覚検査機器
Titanは、インピーダンス（オージオメーター）、聴性脳幹反応＝ABR、耳音響放射＝OAE、新生児スクリーニング検査＝A BRISに対応できる検査機器です。

いずれの最新機器も、操作が簡便で精度が高いことをセールスポイントにしています。
めまい・失調および平衡機能障害の治療や立証では、ネット検索で、最新設備を備えている神経耳鼻科を選択することです。

7　流行性耳下腺炎(りゅうこうせいじかせんえん)

ちょっと休憩、交通事故による傷病名ではありません。
流行性耳下腺炎とは、おたふく風邪のことで、多くは、4～5歳で発症しています。
ムンプスウイルスが原因で、感染した人の咳やくしゃみから、ウイルスを吸い込むことで感染します。
潜伏期間が2～3週間と長く、幼稚園などで流行りだすと終息するまで時間がかかります。
ただし、一度感染をすると、免疫を有することになり、再感染はありません。

37～39度の発熱で、耳の下の耳下腺が腫れてきます。
耳下腺は、唾液を作る唾液腺で、口を開ける、食事をすることで唾液腺を刺激すると痛みが増強するなどで、食欲が低下します。
しかし、熱は3日ほどで下がり、腫れや痛みも1週間前後で改善します。

おたふく風邪で心配されるのは、合併症です。
激しい頭痛や嘔吐があるときは、無菌性髄膜炎を合併していることが予想されます。
重要な合併症の1つに、難聴があり、1000人に1人の割合で合併すると言われています。

その他では、脳炎や膵炎を合併することがあります。

思春期以降の男性では、約 20 ～ 30％で、精巣炎を合併すると言われています。
年齢が上がれば重症化しやすくなり、男性の精巣炎では、無精子症の後遺症を残します。
私の周囲では、子どもに恵まれなかったご夫婦の多くが、夫の、おたふく風邪による無精子や元気な精子が極端に少ないことを原因としています。
10 歳になっても罹患しないときには、予防接種を受けておかなければなりません。

ムンプスウイルスを根絶することは不可能であり、罹患したときは、自然治癒を待つことになります。
痛みなどに対しては、鎮痛消炎剤やアイシングの対症療法が行われています。
発熱に対しては、水分補給を行い、腫れや痛みがひくまでは口当たりの良いものや消化の良いものを与えます。流行性耳下腺炎は、学校保健安全法により、第 2 種の感染症に指定されています。
耳下腺の腫れが完全にひくまでは、幼稚園などには登園停止となります。
登園の際は、主治医の治癒証明書が必要になります。

さて、国立感染症研究所発表の感染症発生動向調査によれば、2016 年第 1 週（1/3 ～ 1/10）の流行性耳下腺炎の定点あたり報告数が全国的に増加しており、佐賀県で 5 人、宮崎県で 4.2 人、石川県で 3.3 人などは定点あたり報告数が注意報の基準となる 3 人を超え、その他の都道府県でも報告数が増加しているとのことで、今後の注意が必要と発表されています。

当方は、家族全員がおたふく風邪に罹患しており、幸い、合併症もなく、今日に至っています。

8　側頭骨骨折

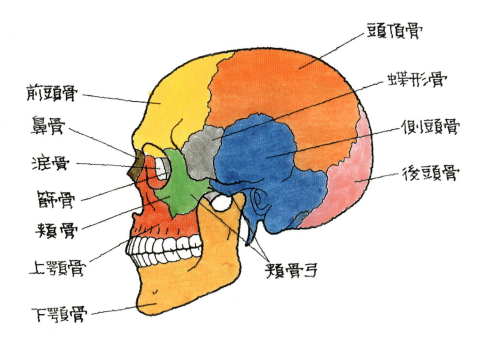

側頭骨は、耳の周りにある骨で、脳を保護している頭蓋骨の一部です。
側頭骨は、大きくは、上部の鱗状部と下部の錐体部の 2 つに分類されています。

交通事故による直接の打撃では、耳介の上の部分、鱗状部の亀裂骨折が多く、大きな障害を残すことは少ないのですが、後頭部からの衝撃により錐体部を骨折すると内耳や顔面神経を損傷することになり、オペが実施されたとしても、治癒は困難であり、後遺障害を残します。

錐体部は、頭蓋の内側に入りこんでいて、中耳や内耳、顔面神経などを保護しています。
錐体内部には、内耳・内耳道が走行しており、この部位を骨折すると、感音性難聴やめまいの症状が出現します。
また、錐体部を構成する鼓室骨、錐体骨、乳様突起に囲まれた形で中耳があり、外耳道と耳管で外へ通じているのですが、耳小骨の離断や鼓膜の損傷・中耳腔への出血により伝音性難聴をきたすことも十分に予想されます。
聞こえが悪いときは、骨折が中耳におよんで、鼓膜が破れ、耳小骨が損傷していることが予想され、耳鳴り、めまいを合併していると、内耳も障害されていることを示唆します。

顔面神経は、脳を出てから側頭骨、耳骨の中を走行し、骨から外に出ると、耳下腺の中で眼、鼻、口と唇に向かう3つの枝に分かれて、それぞれの筋肉に分布しています。
顔面神経麻痺は、通常、顔面のどちらか半分に起こります。
症状は、顔の半分を意識的に動かすことができず、笑うと顔がゆがむ、眼を閉じることができない、片方の口角が下垂する、口から水がこぼれる、などの症状が出現します。
その他、麻痺側の舌半分の味覚がなくなることや、涙の出が悪いことなどがあげられます。

中耳は外界へ通じる空間であり、骨折により脳脊髄液や外リンパ液が漏出することがあります。
鼓膜穿孔があれば外耳道に、なければ、鼻に出血や髄液が漏出します。

入院下で安静に保ち、頭部CT、耳のXP、側頭骨のターゲットCTで骨折の部位、程度を検査します。
感音性難聴、顔面神経麻痺の保存的治療には、副腎皮質ステロイド薬、止血薬、アデノシン三リン酸、血管拡張薬、ビタミン剤などが投与されます。

安静にしても改善しない髄液漏、顔面神経麻痺、内耳の外リンパ液が中耳に漏れ出る外リンパ瘻による急性難聴では、早期にオペが行われています。

また、受傷後、数カ月を経過しても改善しない伝音性難聴も、オペの対象です。

側頭骨骨折における後遺障害のキモ？

1）どんな症状を残しているかを立証することも大切ですが、それよりも、どの部位が障害を受けているかを克明に立証することが、本件ではポイントとなります。

治療先の多くは、耳のXP、頭部のXP、CT撮影のみですが、側頭骨のターゲットCTの撮影は、後遺障害の立証では必須となります。

※側頭骨のターゲットCT
耳を中心に、耳小骨の細かい変化を撮影する方法です。
耳の構造は、骨によって作られているので、骨の変化を見ることにより、種々の外傷性変化を確認することができ、撮影時間が短く、小さな子どもでも耐えられる検査です。

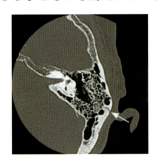

側頭骨ターゲットCTの利点
①ターゲットCTは、他の検査に比べて、解像度が良く、骨の描出に優れている、
②1mm以下のスライス厚で再構成が可能で、より細かいものまで見ることができる、
③撮影時間が5分と短く、患者さんの負担が軽い、
④横断像だけなく、CTの3次元データから冠状断を作成することが可能である、

外耳や中耳では、その中に空気が、内耳にはリンパ液、内耳道には髄液、液体が入っています。
このように、骨以外の軟部組織や液体の観察では、MRI検査が行われています。

※高分解能CT＝HRCT
1回転0.5秒の短時間高速スキャン、1回の息止めで全身の撮影が可能であり、1mm幅のスキャンによる高空間分解の画像が得られる最新鋭のCTです。
HRCTによる側頭骨のターゲット撮影であれば、完璧です。

2）症状別アプローチでは、
①難聴・耳鳴り・めまいについて
側頭骨には、聴覚の神経、体幹のバランス機能を担う平衡感覚の神経、顔面表情筋をコントロールする顔面神経など、さまざまな神経が走行しています。

側頭骨骨折で、これらの神経が障害されると、神経症状が出現します。

難聴は、音を三半規管に伝える部分が障害されて起こる伝音性難聴と、三半規管から聴神経を経て脳に至る部分に起こる感音性難聴に分けられます。
伝音性難聴であれば、一定の治療が可能ですが、感音性難聴では、聴力の回復は困難となります。

聞こえが悪いときは、骨折が中耳におよび、鼓膜の破裂や、耳小骨が損傷している可能性があります。
さらに耳鳴り、めまいが合併していると、内耳も同時に障害されていることを意味しています。

難聴では、オージオメーターによる純音聴力検査、スピーチオージオメーターによる語音聴力検査聴力検査で立証します。
7日間以上の間隔で、3回の検査を受け、2、3回目の測定値の平均で等級が認定されています。
9級9号、10級6号の上位等級が予想されるときは、上記の検査に加えて、ABR＝聴性脳幹反応、SR＝あぶみ骨筋反射検査を受けて、難聴を立証しておけば、完璧です。

耳鳴りは、13ページで、めまい、平衡機能障害は、22ページで立証方法法や認定等級を説明しています。

②顔面神経麻痺について
顔の動きが悪い、水を飲むと口からもれてしまう、笑うと顔がゆがむなど、顔面神経麻痺では、顔面のどこに麻痺を発症しているかにより、どこを走る神経が切断されているか、あるいは圧迫されているかを察知することができます。
麻痺が軽いときは、マッサージや内服で回復しますが、ひどいときは、早めに手術が選択されます。
早ければ、神経を圧迫している血腫や骨片を取り除き、切れた神経を顕微鏡下で縫合するマイクロサージャリーが実施されています。
早期にオペが実施されても、完全回復は期待できません。
顔面にかかわることであり、残した変状は、醜状痕として等級の審査を受けることになります。

③頭部外傷について
側頭骨は、脳を支える頭蓋を構成する骨の1つですから、脳にダメージを受けていると、意識障害も予想されます。こんなときは、高次脳機能障害の立証で対応することになります。

④髄液耳漏、髄液鼻漏について
骨折によって、耳から出血すること、そこに細菌感染により膿が出ることもあります。
サラサラとした水、液体が出てくるときは、脳脊髄液の流出＝髄液漏が考えられます。
このようなとき、鼓膜や耳小骨、三半規管、聴神経など、聴覚にかかわる器官だけでなく、顔面神経なども変形したり、切断されたり、血液に圧迫されたりして損傷されます。
このため、難聴、強いめまい、顔面神経麻痺などが起こります。

●耳の障害

9　頭蓋底骨折
　　ずがいていこっせつ

交通事故受傷後のめまい、失調、平衡機能障害、眼では、視力や調整力の低下などの症状ですが、傷病名が頚椎捻挫であれば、バレ・リュー症候群として、つまり、頚部神経症状として後遺障害が審査されており、なにを訴えても、多くは、14級9号の選択となるのです。

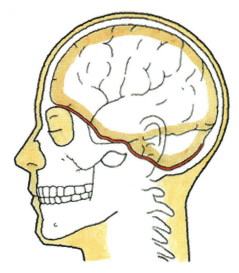

赤線が、頭蓋底の部分です。

先の症状が後遺障害として審査されるには、頭部外傷を立証しなければなりません。
ここで発生する最大の問題点が、頭蓋底骨折の見落としです。

頭蓋骨の底面である頭蓋底は、ちょうど眼の下あたりに位置して、でこぼこで厚さの違う骨で構成され、多くの孔が開き、視神経、嗅神経、聴神経、血管が走行している複雑な構造となっています。

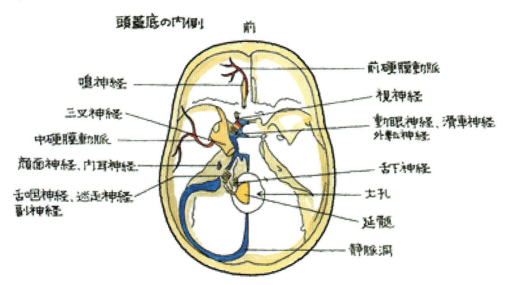

交通事故では、眉部の打撲、耳介後部の打撲などで、頭蓋底骨折が発生するのですが、XPや頭部CTでは骨折の診断が難しいことが多く、最大の診断ポイントは、髄液漏により頭蓋底骨折と診断されているのが現実です。

髄液漏とは、頭蓋底骨折により、脳脊髄液が漏れ出してくる状態で、耳からでは髄液耳漏、鼻から漏れ

出せば髄液鼻漏と呼ばれています。
髄液が流出する代わりに、空気が頭蓋内に入ると、傷病名は気脳症となり、CT撮影で気脳症の所見があれば、頭蓋底骨折が診断されています。

頭蓋底骨折では、入院下で安静が指示され、髄膜炎に対する抗生物質の点滴注射、脳神経障害を抑えるため、ステロイド薬の投与が行われ、骨癒合による漏孔の自然閉鎖を待ちます。
外傷性髄液漏の50～80％は、3週間以内に自然に止まると言われています。

日本のガイドラインでは、2～3週間の絶対安静を行っても髄液漏が止まらないとき、いったんは止まった髄液漏が再発したとき、髄液漏が遅れて発症したときを手術適応の基準としており、開頭硬膜形成術、断裂した硬膜の縫合閉鎖が実施されています。
私は、1例の経験もしていません。

頭蓋底骨折における後遺障害のキモ？

1）交通事故では、眉の部位や耳介後部の強い打撲などで、頭蓋底骨折が発生しています。
車VS車では側面衝突、バイク、自転車では、転倒時に強く打撲することで予想される骨折です。

しかし、骨折であっても、デコボコで厚みの薄い骨が、パリンと亀裂骨折しているに過ぎません。
したがって、XPや頭部CTでは骨折の診断が難しいことが多く、今でも、髄液漏を確認して頭蓋底骨折と診断されている現実があります。
そして、髄液漏ですが、大半は、事故現場で、鼻や耳からサラサラした水が流れ出てきた状況で、その後に漏出することは稀で、長期間、漏出し続けることも、ほとんどありません。
軽度な頭蓋底骨折では、意識障害を伴うことも少なく、骨折痕は2、3カ月も経過すれば閉鎖され、MRIでの確認も不可能となってしまいます。

救急搬送先で、耳や鼻から髄液漏出が認められたときは、頭蓋底骨折が疑診断され、直後のターゲットCTにより、骨折が確認できれば、確定診断となります。
CTで気脳症が確認されたときも、頭蓋底骨折と診断されます。

問題となるのは、頭蓋底骨折が見逃されたときです。
経験則では、救急搬送先が整形外科の救急病院であれば、この傷病名の診断は絶望的です。
事故後に、めまい、失調、平衡機能障害、視力低下、調節障害、難聴、耳鳴り、嗅覚や味覚の脱失症状が見られるときは、被害者やその家族が、頭蓋底骨折を疑わなければなりません。
その立証は、受傷から2、3カ月以内に、眼窩部のターゲットCT撮影を受けることであり、最新鋭のCT、HRCTによる眼窩部のターゲット撮影であれば、完璧です。

頭蓋底骨折が立証されていれば、めまい、失調、平衡機能障害、視力低下、調節障害、難聴、耳鳴り、嗅覚や味覚の脱失症状は、その症状により、3～14級の6段階で正当に評価されます。

2）失敗例？

①実際にあった、医師の協力が得られない例
大学生が、バイクを運転して直進中、対向右折車と出合い頭衝突、左方向に飛ばされ転倒しました。
救急搬送された治療先で、XP、CT撮影を受け、診断書には、左鎖骨遠位端骨折、左橈骨遠位端骨折、頭部打撲などの傷病名が記載されています。
左鎖骨は保存療法で、左橈骨遠位端骨折に対しては、オペによりプレート固定が行われました。
本人の訴えは、左鎖骨および左手関節の痛み、強いめまい、耳鳴り、難聴です。

めまい、耳鳴り、難聴などの症状から、頭蓋底骨折を疑診した家族は、眼窩部のターゲットCT撮影をお願いしたのですが、医師はその必要はないとして拒絶、そのままとなりました。

医師は、診断権を有する、プライドの高い人たちです。
素人の患者側から、治療上の指図を行えば、大きく嫌われ、拒絶されることが普通なのです。

米つきバッタの如く、低姿勢でお願いすることになりますが、意味が通じないこともあります。
我田引水で恐縮ですが、こんなときは、日常的に医師と面談を繰り返し、治療先のネットワークを確保している専門家、チーム110のコーディネートが頼りになります。
先の例では、高次脳機能障害の立証で、日頃から交流のある治療先と医師を紹介、その治療先に同行して、HRCTによる眼窩部のターゲット撮影を受け、頭蓋底骨折を立証しました。

②初診の治療先で頭蓋底骨折が見逃され、時間が経過したもの
過去には、受傷から8カ月を経過するも、眼窩部のターゲットCTで頭蓋底骨折を立証できたことがありますが、大きな亀裂骨折であったことと、高名な脳神経外科医に恵まれたことで得られた奇跡に等しいもので、それ以外では、すべてで、立証に失敗しています。
CTの解像度や性能は飛躍的に上がっていますが、それでも、4カ月以上を経過したものでは、立証が困難であることがほとんどで、こうなると、残存症状を訴え、種々の検査でそれらを立証しても、本件交通事故との因果関係を照明することができず、後遺障害は非該当とされます。
万事休す、お手上げとなります。

交通事故110番では、受傷直後の電話、メールによる相談や交通事故無料相談会の参加を呼びかけているのです。

10 騒音性難聴(そうおんせいなんちょう)

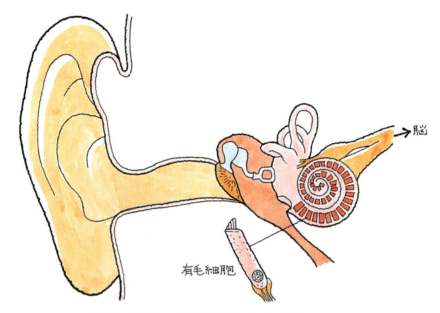

長時間の連続する音響曝露が有毛細胞を障害します。

120dB　ジェット機のエンジン、苦痛の限界、痛覚域
100dB　電車のガード下、
80dB　騒々しい工場、大声、
60dB　普通の会話、
30dB　ささやき声、
0dB　最小可聴音

60dB以下が望ましい環境とされ、100dB以上の音の長時間曝露は、難聴発生の危険性が高まります。

交通事故外傷ではありませんが、労災保険では職業病として、後遺障害の対象となっています。

騒音の中に長時間さらされることで、内耳の蝸牛に存在する有毛細胞が損傷を受け、感音性難聴をきたすものは騒音性難聴と呼ばれています。
有毛細胞は、損傷すると再生することがなく、治療により難聴が改善することはありません。

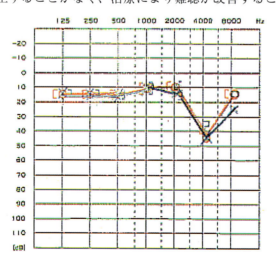

騒音性難聴は、85dB以上の騒音を1日に8時間以上、通算で10年間聴き続けると難聴が生じることがあるとされています。
発症の初期では、自覚症状のないことが普通で、会社の健康診断における聴力検査で4000Hzの聴力が低下していることを指摘され、初めて、気がつくことになります。

進行すると他の周波数も聞こえにくくなり、難聴を自覚し、耳鳴りを伴うこともあります。
治療で改善は得られませんが、騒音を聞かなくなったときから、難聴が進行することはありません。
したがって、騒音性難聴は、なるべく早期に発見、以後はなるべく騒音に曝露されないように、耳栓をするなど、工夫していく必要があります。

騒音性難聴では、ほとんどで、両耳が同程度の難聴となります。

騒音性難聴における後遺障害のキモ？

1）騒音性難聴を指摘されて以降は、毎年、耳鼻科で聴力検査を受けておくこと
労働安全衛生法で決められている職場の定期健診では、騒音性難聴を早期に発見する目的で、1000Hzと4000Hzの2つの周波数についての聴こえをチェックしています。
騒音性難聴の初期では、4000Hz付近の聴力が低下しますが、この時点では自覚症状はありません。
しかし、騒音性難聴は早期発見が重要なので、職場の健康診断で異常を指摘されたときには、早期に耳鼻咽喉科を受診しなければなりません。

騒音性難聴と診断されたときは、必ず、毎年、耳鼻咽喉科を受診して、正式な聴力検査を受けます。
騒音性難聴は、労災保険で後遺障害の対象となりますが、判定は離職するときに行われます。
離職するときの判定では、年々の聴力の変化が重要視されているのです。
したがって、毎年の正式な聴力検査を受けていないと、離職するときに労災の対象となるほどの難聴があったとしても、認定されないことが予想されますので、注意が必要です。

2）余談ですが、身近なところでは、電車内で音楽を長時間聞いている若者を目にします。
電車内の騒音が70dBくらいであり、気づくと、100dB以上の音量で音楽を聴いていることがほとんどです。
80dB以上の音を長時間連続で聴いていると、難聴が生じやすいと報告されており、電車内で音楽を聴くときは注意が必要です。
どうしても、電車内で音楽を聴きたいときは、周りの環境騒音を最小限に防いでくれる、ノイズ・キャンセリング機能がついたイヤホンやヘッドホンを使用することです。
これで騒音性難聴となって、通勤災害を主張しても、労災保険は知らん顔ですから。

11 音響性外傷(おんきょうせいがいしょう)

これは、わずかな経験則ですが、交通事故でも発症しています。
高速道路上で発生した20台以上のトラックや乗用車が巻き込まれた多重追突事故で、タンクローリー車が横転、爆発したときに、乗用車の運転者で経験しています。
このときは、耳鳴りが主症状で、12級相当が認定されています。

ロックコンサートなどの大音響や、爆発、銃声などを聞いた後で、聴こえが悪くなることがあります。
短期間の強大音にさらされたことで、聴力が落ちるもので、音響性外傷と呼ばれています。
音響性外傷では、音源に近い方の耳だけに、難聴、耳鳴りが起こります。

軽いときは、1日、2日で元に戻ることもありますが、そのまま難聴や耳鳴りを残すことがあります。
難聴は、早期に治療を開始するほど効果が得られ、時間が経過するほど、治りにくくなります。
なるべく早期に耳鼻咽喉科を受診することです。
急性音響性外傷では、早期のステロイド治療が有効です。

ロック歌手の氷室京介さん、53歳は、両耳難聴により引退宣言をしていますが、25年の長きにわたり、大音量の中で歌ってきた積み重ねで、騒音性難聴を発症したと、私は、想像しています。

音響性外傷による後遺障害のキモ？

後遺障害として評価されるのは、交通事故に限られます。
多重衝突事故で、爆音などにさらされ、耳が聞こえにくいと感じたときは、ただちに、耳鼻咽喉科を受診することです。多くは、早期のステロイド療法により、改善が得られています。

保険屋さんに確認すると、因果関係を疑い、受診を拒否する傾向です。
拒否されたことを理由に、受診を遅らせると、難聴などは進行し、改善が得られなくなります。

さらに、受診をしていなければ、因果関係が否定され、後遺障害の非該当とされます。

保険屋さんが拒否しても、症状があれば、健康保険で耳鼻咽喉科を受診することです。
であれば、治療効果も得られ、万が一、後遺障害を残したとしても、因果関係で非該当はありません。

どうしてか、保険屋さんが治療費を負担してくれないので通院できなかった？
こんな後ろ向きの被害者が、交通事故無料相談会でも目立ちます。
症状があれば、受診、通院すべきであって、保険屋さんの回答で萎むなど、本末転倒です。

●鼻の障害

1　鼻の構造と仕組み

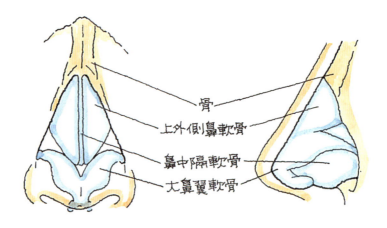

鼻は、呼吸するときの空気の通り道であり、
①吸い込んだ空気を加温・加湿すること、
②細菌や有毒物質などに対する防御体制、臭いを感じること、
③発声で音を共鳴させるなど
の役割を果たしています。
鼻の仕組みは、外鼻、鼻腔、副鼻腔の3つに分けることができます。
鼻の外観を外鼻と言い、外鼻の骨格は、骨と軟骨で構成されています。
鼻中の穴を鼻腔と言い、鼻腔と交通する、顔面の骨の中にある空洞を副鼻腔と言います。

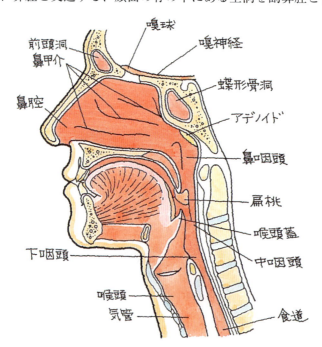

鼻腔の仕組み
鼻腔は、その中央を鼻中隔という骨と軟骨で構成されている仕切りの壁によって、左の鼻腔と右の鼻腔に分かれています。

鼻腔の入り口部を外鼻孔と言い、外鼻孔入った部分、鼻腔の内部を鼻前庭と言います。
鼻翼で囲まれている部分の鼻腔の内部が、ちょうど鼻前庭に相当し、鼻前庭には鼻毛が生えていて、吸い込んだ空気の中の大きなごみを取り除く働きをしています。
そして、鼻前庭から奥の部分は、鼻粘膜で覆われています。
鼻腔は単なる吹き抜け穴ではなく、複雑な構造をしているのです。

鼻粘膜には、線毛というごく細く短い毛がびっしりと生えており、鼻粘膜の中には、鼻腺が存在し、絶えず微量の粘液が分泌されています。
1日に鼻腺から分泌される粘液の量は、1ℓにもなります。

鼻前庭を通過した空気中の小さなごみ、ほこり、細菌などの微生物は粘液に付着し、線毛の運動によって鼻腔の奥へ運ばれ、喉から痰となって排出されます。

鼻の中の空気は、表面の粘液で湿気が加えられ、粘膜へ流れてくる血液によって温められます。
適度に温められ、湿り気を有するきれいな空気が、喉を通過して肺に送られています。

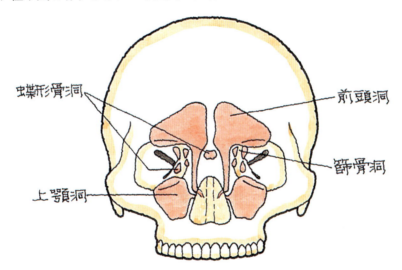

顔の骨には、種々の形状の空洞が鼻腔をとり囲むように存在しており、これらの空洞を総称して、副鼻腔と呼んでいます。
副鼻腔の内壁は、鼻粘膜と同じ種類の粘膜で覆われており、副鼻腔の粘膜にも線毛が生えていて、副鼻腔に入ったごみを粘液層で捉えて外に排出しています。

交通事故による鼻の外傷では、鼻骨骨折、鼻篩骨骨折、鼻骨軟骨損傷、頭部外傷後の嗅覚の脱失などを経験しており、それらを中心に解説をしていきます。

2 鼻骨骨折(びこつこっせつ)

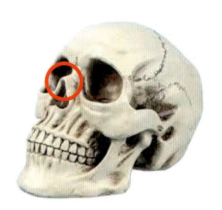

○印が**鼻骨**です。

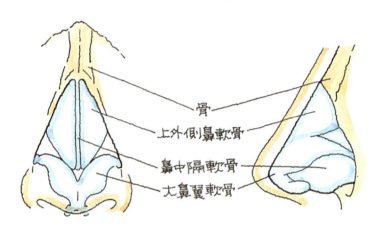

鼻骨は、メガネのブリッジが接する、鼻のつけ根部分で、眉間にある三角屋根の形をした薄い骨です。交通事故では、ハンドルに鼻をぶつけて骨折することが多かったのですが、シートベルトが普及した今、これは激減し、現在は、もっぱら、バイク、自転車の衝突、転倒で発症しています。
外鼻の下部分の3分の2は軟骨でできており、骨折しにくいのですが、鼻骨は堅く折れやすいのです。
さらに、左右の鼻を分けている壁、鼻中隔の骨折を合併することが多いので要注意です。

鼻骨は薄く、肘が鼻に衝突したなど、比較的弱い力でも骨折しています。
鼻骨骨折では、
①鼻血、
②鼻筋が曲がる、斜鼻、
③鼻が低くなる鞍鼻、
④鼻が詰まる、鼻閉、
これらの症状が出現します。
骨折の診断はXPで可能ですが、折れ方の詳細は、CTで確認しなければなりません。
鼻血や鼻閉は腫れが引けば治まるので、オペをするかどうかは、鼻の変形の程度で決まります。
鼻骨は薄いものの、再癒合しやすいので、受傷後4〜10日でオペが実施されています。
オペでは、皮膚を切開することなく、鼻の穴に鉗子を入れてズレた骨を元に整復します。

●鼻の障害

鼻骨用スプリントによる外固定とガーゼによる内固定が行われています。

オペ後は数日間、ガーゼの鼻栓を入れ、2週間程度、専用のギプスを当てておきます。

※斜鼻　（しゃび）

鼻骨の側面を打撃したときは、鼻骨が横にズレた形となり、斜鼻と呼ばれています。
鼻中隔も骨折して横にズレることが多く、鼻は曲がり、ズレた方の鼻が詰まります。

※鞍鼻　（あんび）

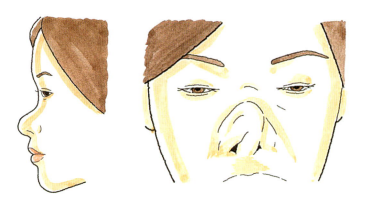

打撃が鼻骨の上から働き、鼻骨が下に落ちる、脱臼と陥没を起こします。
鼻の付け根が陥没している形状を鞍鼻と呼んでいます。

鼻骨骨折における後遺障害のキモ？

１）サッカー、ラグビーなどのコンタクトスポーツでも、鼻骨骨折は多発していますが、動体視力が良く、日頃から身体を鍛えていることもあって、大多数は軽傷で、後遺障害を残しません。

ところが、交通事故では、想定外の衝撃力もあって、重症例を多く経験しています。
鼻血、鼻筋が曲がる、斜鼻、鼻が低くなる鞍鼻、鼻が詰まる、鼻閉など、事故直後から多彩な症状が出現しますが、鼻血や鼻閉は、オペにより治癒しています。
しかし、斜鼻や鞍鼻となると、完治未満で、見た目の後遺障害を残すことが多いのです。

２）被害者がオペをためらう、耳鼻咽喉科の医師も積極的ではなく、形成外科への転院指示が遅れたときは、やや目立つ変形を残した状態で症状固定を迎えます。

受傷後１カ月以上を経過した骨折は、陳旧性と呼ばれるのですが、骨折は、ズレたまま癒合しており、形成外科で整復するには、骨切りをして移動させる必要が生じます。
受傷後４〜10日以内のオペに比較して治療が難しく、入院期間が長くなる傾向です。

こんなときは、斜鼻や鞍鼻変形を醜状痕と捉えて、後遺障害の申請に踏み切っています。
形成外科における整復は、本件事故を解決してから、健康保険で着手することになります。

3　鼻篩骨骨折
びしこつこっせつ

鼻骨骨折に合併して、鼻骨の奥、裏側部分の両眼の間を骨折したときは、重症例となります。
鼻篩骨には、瞼が付着している突起や涙を鼻に流している孔があり、先の鼻骨骨折の症状に加えて、
①眼球陥没、目がくぼむ、
②眼角隔離、両目の距離が離れる、
③涙小管断裂、涙が止まらない、

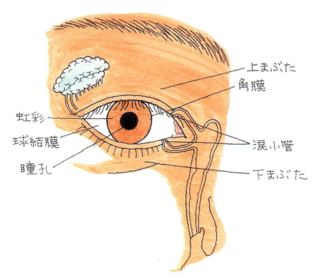

④鼻筋の強い凹みなどの症状が出現します。

治療は、なるべく早期に骨折した骨を元の位置に戻し、必要なら骨を移植することです。
しかし、頭蓋底骨折を合併していることも多く、個々のケースでオペの時期や術式が異なります。

鼻篩骨骨折における後遺障害のキモ？

私は、原付を運転中に追突され、前方のトラックの荷台に鼻を打ちつけた事故で、鼻骨骨折、および鼻篩骨骨折を経験しています。

眼球陥没、目がくぼむ、眼角隔離、両目の距離が離れる、涙小管断裂、涙が止まらない、鼻筋の強い凹みなどの症状が出現し、眼球陥没と眼角隔離は、なんとか目立たない程度に改善したのですが、右目の涙小管断裂と鞍鼻変形は改善が得られず、後遺障害を残したのです。
涙小管断裂では、14級相当、鞍鼻変形では、当初、12級14号、未婚の女性であり、火の玉の異議申立で7級12号、併合7級が認定されました。

4 鼻軟骨損傷
びなんこつそんしょう

鼻筋を指でつまむと、左右に動かすことができるのですが、それは、軟骨であるからです。
鼻の根元、鼻骨は、しっかりとした骨であり、その下に位置しています。

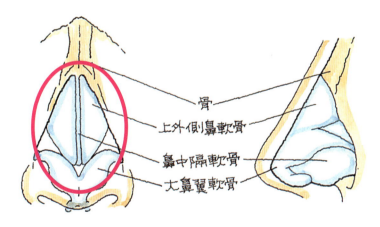

鼻の軟骨骨折でも、軽度なものは、出血もなく、薬だけで終わります。
軟骨が左右に大きく曲がったりすることがありますが、弾力性で一時的な変形をきたしたものであり、安静加療で十分で、特別な治療は必要ありません。
現場で曲がった鼻を手で矯正することはタブーで、耳鼻咽喉科を受診しなければなりません。

鼻の欠損とは、鼻軟骨部の全部または大部分の欠損のこと、機能に著しい障害を残すとは、嗅覚の脱失または鼻呼吸が困難であることを言います。

5 鼻欠損
びけっそん

鼻を欠損し、その機能に著しい障害を残すものは、9級5号が認定されています。
鼻の欠損とは、鼻軟骨部の全部、または大部分の欠損を言います。

機能に著しい障害を残すものとは、鼻呼吸困難、または嗅覚脱失を言います。
鼻の欠損は、耳と同じく、外貌の醜状として捉えることができます。

鼻軟骨部の大部分欠損であれば、男女ともに、外貌の醜状で7級12号に該当します。
このとき、先の9級5号と併合にはならず、上位等級の7級12号の認定となります。

鼻の欠損による後遺障害等級	
9級5号	鼻を欠損し、その機能に著しい障害を残すもの、 鼻の欠損とは、鼻軟骨部の全部、または大部分の欠損を言います。 機能に著しい障害を残すものとは、鼻呼吸困難、または嗅覚脱失を言います。 鼻の欠損は外貌の醜状で捉えれば、7級12号となります。

過去に1例のみ、7級12号を獲得しています。

6　嗅覚脱失（きゅうかくだっしつ）

嗅覚の脱失は、ほとんどが頭部外傷後の高次脳機能障害、特に、前頭葉の損傷で発症しています。

例外的に、多重追突で、外傷性頸部症候群の男性被害者に嗅覚と味覚の脱失を経験しています。
頭部外傷がなく、絶望的な思いでしたが、事故受傷直後から自覚症状を訴えており、そのことは、カルテ開示においても確認できました。
検査結果でも、嗅覚・味覚の脱失を立証でき、嘘ではないと確信し、被害者請求で申請したのです。
損保料率算出機構調査事務所は、7カ月を要して、嗅覚の脱失のみを12級相当として認定してくれたのです。

嗅覚脱失における後遺障害のキモ？

1）T＆Tオルファクトメータ検査で立証、検査結果は、オルファクトグラムで表示されます。

バラの香り、焦げた匂い、腐敗臭、甘い香り、糞の臭い、5種類の匂いを嗅がせ、濃淡0〜5まで段階で評価します。特に腐敗臭では、検査室に同席していると、強烈に臭ってきますが、嗅覚の脱失では、この強烈な臭いを感じることができません。
検査に要する時間は、およそ20分です。

認知閾値の平均嗅力損失値で、5.6以上は、嗅覚脱失で12級相当が認定されています。
2.6〜5.5以下は、嗅覚の減退と判断、14級相当が認定されます。

嗅覚・鼻呼吸の後遺障害等級	
12級相当	嗅覚を脱失または鼻呼吸困難が存するもの、 嗅覚の脱失とはT&Tオルファクトメータで5.6以上のもの、
14級相当	嗅覚の減退するもの、 嗅覚の減退とはT&Tオルファクトメータで2.6～5.5以下のもの、

2）アリナミンPテスト

もう1つの、静脈性嗅覚検査と呼ばれる、嗅覚障害の有無や程度を調べる検査です。
ニンニク臭を感じるようになる注射液を静脈に注射し、ニンニク臭を感じ始めてから消えるまでの時間を測定するもので、注射液が静脈から肺に流れ、それが呼気に排出され、後鼻孔から嗅裂に達し刺激臭になるのですが、この注射開始から臭いの感覚が生じるまでの時間を潜伏時間、臭いの感覚が起きてから消えるまでの時間を持続時間として、その間隔を開始○秒、消失○秒として測定します。

アリナミンPテスト、プルスチルアミンとはニンニクとビタミンB_1の化合によりできるもので、市販されているビタミン剤にも含まれています。
元気になる、元気が持続する薬ですが、検査した被害者は、甘い匂いを感じたそうです。

他に、アリナミンFテストがあります。
フルスルチアミンというビタミンB_1誘導体で、多くのアリナミン剤の主成分です。
このフルスルチアミンを使った検査は、ゴマカシが可能として、調査事務所、労災は排除しています。

ポイントは、アリナミンPテストは、嗅覚が全くダメになったか、嗅覚を感じるまでの反応が鈍くなったことを解明するにとどまることです。
つまり、12級か非該当のどちらかの評価しか、できないのです。
その点、T＆Tオルファクトメータは、臭いの種別と程度を数値化できますので、12級、14級に加え、非該当の評価が可能であり、この検査を選択すれば、それらの問題は生じません。

T＆Tオルファクトメータ検査数値の見方について

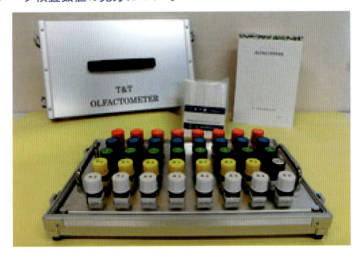

嗅覚の検査ではお馴染みの検査キットです。
嗅覚の検査では、他に静脈注射のアリナミンPテストがありますが、しかし、どんな臭いが？　どれく

らい臭わなくなったか？　これらを明らかにするには、Ｔ＆Ｔオルファクトメータ検査が必要です。
12級、14級、もしくは非該当を判定することができます。

種類	臭いの中味	臭いの種別
①β-フェニルエチルアルコール	バラの匂い、軽くて甘い匂い、	バラ香
②メチルシクロペンテノロン	焦げた匂い、カラメル臭	焦臭
③イソ吉草酸	腐敗臭、古靴下、納豆、汗臭	腐敗臭
④γ-ウンデカラクトン	桃の缶詰の匂い、甘くて重い匂い	甘香
⑤スカトール	野菜クズの匂い、糞臭、口臭	糞臭

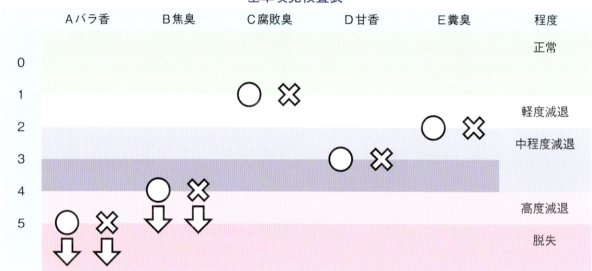

基準嗅覚検査表

※検査手順
①検査者は、ニオイ紙の一端を持ち、他端を1cm嗅覚測定用基準臭の中に浸してから、被検者に手渡し、被検者は、基準臭のついたニオイ紙の先端を鼻先約1cmに近付けて臭いを嗅ぎます。
②臭いを感じた濃度1～5（○）、どんな感じの臭い、分かった濃度で1～5（×）、そして判定不能5～（↓）を判定できるまで、一段、一段、濃度を強くしていきます。

※表の見方
検知閾値（臭いが分かる）＝○
認知閾値（臭いを区別できる）＝×
スケールアウト、全く臭わない、測定不能＝↓
これらの3つを記録します。
薬品の濃度は8段階、正常値の臭いの濃度は、2～0で、濃度は最高5まで。
1段階上がるごとに臭いの濃さは10倍になります。

認知閾値は検知閾値と同じか1段階上のことが多く、3つ以上乖離しているときは、重度の脳中枢障害の可能性が予想されます。

●鼻の障害

※数値の計算方法
嗅覚障害者が生活上で困窮するのは、臭いがしないこと、臭いが区別できないことです。
したがって、判定には認知閾値を用います。
最高濃度5でも認知不能のときは、それぞれ最高濃度に1を加えて6として計算します。
※ ただし、B焦臭のみ、4が認知できないときは、5を最高として計算します。
(A＋B＋C＋D＋E) ÷ 5 ＝数値

※後遺障害等級の判定
労災保険、自賠責保険では以下の基準で等級を測ります。
数値5.6以上は、嗅覚脱失と判定され、12級相当、
数値2.6以上5.5以下は、嗅覚の減退と判定され、14級相当、

T＆Tオルファクトメータ検査結果は、オルファクトグラムで表示され、発行されています。
そこには、○検知閾値、×認知閾値、↓スケールアウトが表示されているだけで、数値や等級が記載されているのではありません。表の見方、計算方法を知っておかないと等級にたどり着けません。

演習
実際に計算、等級を判定してみよう

問題1　Aさん

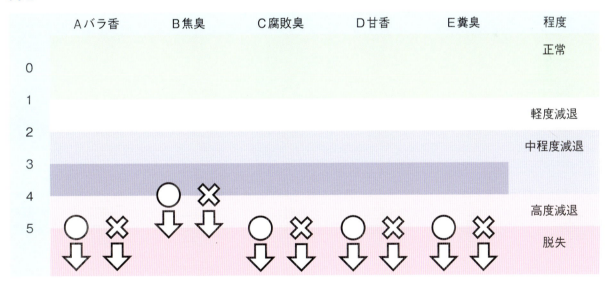

数値は（　　　　）　　　　嗅覚は、脱失・減退・正常　　　等級は　　　級相当

問題2　Nさん

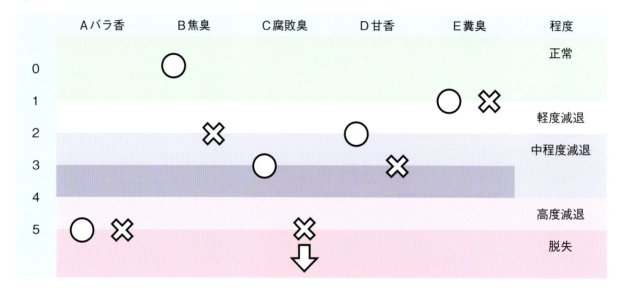

数値は（　　　）　　　嗅覚は、脱失・減退・正常　　　等級は　　級相当

回答
問題1　（6＋5＋6＋6＋6）÷5＝5.8　嗅覚脱失　12級相当
問題2　（5＋2＋6＋3＋1）÷5＝3.4　嗅覚減退　14級相当

●口の障害

1　口の構造と仕組み

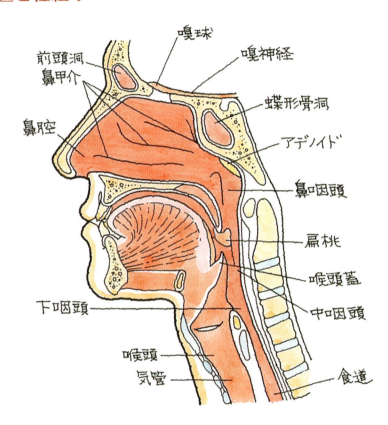

口は、唇・顎・舌・歯の働きにより、食物のそしゃく機能や、発生器である咽頭とともに共鳴作用をして、言語の機能を果たしているところです。

語音は「あいうえお」の母音と、それ以外の子音とに区別されています。
ちなみに人の発声器官は咽頭です。

2　顔面骨折・9つの分類

顔面は11種18個の骨から構成され、下顎骨を除いて互いに接合して1つの骨を形成しています。
顔面骨折は、受傷原因や外力の強さの方向により、単独骨折と多発骨折に分かれます。
骨折となると、整形外科のイメージですが、顔面骨折では、形成外科で診断・治療が行われています。
顔面骨折は、
①鼻骨骨折　②鼻篩骨骨折
③頬骨骨折・頬骨弓骨折　④眼窩底骨折
⑤上顎骨骨折　⑥下顎骨骨折

⑦前頭骨骨折　⑧陳旧性顔面骨骨折
⑨顎変形症

上記の9つに分類されるのですが、交通事故では、これらの複数が合併することもしばしばです。
また顔面・頭蓋は多くの骨の組み合わせからなるため、骨折の部位・症状により、眼科・耳鼻科・脳外科・歯科と協力して治療が行われています。

診察とXP、CT、MRI検査で確定診断されており、治療の中心はオペによる整復・固定で、骨折による症状、開口障害、モノがダブって見える複視や醜状では、オペの対象となります。
多数例で、ズレた骨が再癒合し始める前、受傷から4～10日前後にオペが実施されています。

手術の際の皮膚切開は、できるだけ傷跡が残らない切開線を選ぶよう、工夫されています。
通常、チタンプレートとスクリューで固定されていますが、最近では、数カ月で体内に吸収される吸収性プレートやスクリューが普及しています。

吸収性プレート、スクリューの特徴は、骨癒合が完了する数カ月の期間は強度が保たれ、その後6カ月～1年で体内に吸収されることで、抜釘の必要がなく、子どもの成長にも対応できることです。

顔面骨折　もう1つの分類

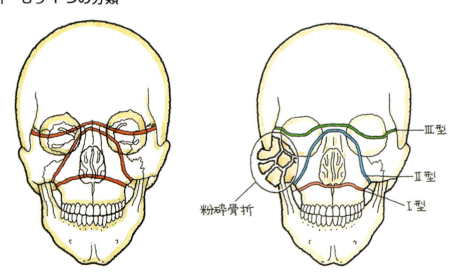

顔面骨折は、複数が合併することがあり、ルフォーⅠ型、Ⅱ型、Ⅲ型の3つに分類されています

①ルフォーⅠ型
鼻骨骨折、下顎骨骨折、頬骨骨折、眼窩底骨折、上顎骨骨折、

②ルフォーⅡ型
鼻骨、上顎骨前頭突起、涙骨、篩骨、眼窩底、上顎骨頬骨縫合部、翼口蓋窩～翼状突起に達する骨折、上顎から眼窩にかけての骨折、

③ルフォーⅢ型
鼻骨を横断し、眼窩後壁を経て下眼窩裂、頬骨の前頭突起を通り、後方へ向かい、上顎骨と蝶形骨の間を通過、顔面骨が頭蓋底と分離しています、

ちなみにイラストでは、Ⅰ～Ⅲ型とは別に、頬骨だけの粉砕骨折を示しています。

顔面骨折の原因としては、交通事故、スポーツ中の事故やけんかなどにより顔面を打撲することがあげられます。骨折がみられる頻度としては、鼻骨骨折、下顎骨骨折および頬骨骨折などが頻度の高いものです

3　頬骨骨折　頬骨体部骨折

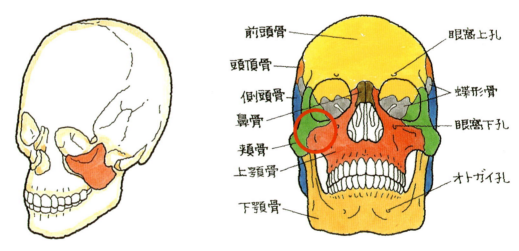

○印が頬骨、左右にあります。

頬の高まり、周辺部の骨折で、交通事故では、歩行者、自転車、バイクの転倒による強い打撲で発症しています。2、3カ所が同時に骨折する粉砕骨折が多く、骨折部が転位、ズレます。

①頬の平坦化、頬部の凹みによる顔面の変形、
②開口障害、口が開けにくい、
③複視、モノが重複して見える、
④瞼の腫れが強く、眼球に損傷がないが、眼球表面が内出血、
⑤眼窩がくぼみ、眼球が陥没、
⑥眼窩下神経を損傷すると、頬・上唇・歯茎・鼻の側面のしびれ、

これらの症状が出現します。

XP、CTで確定診断が行われています。
体部骨折では、視力・眼球運動検査など眼科的な検査も必要となります。
オペは、症状次第ですが、転位が明らかであれば、受傷後4～10日前後にオペが実施され、全身麻酔下に、下瞼・眉毛部・口内の3カ所を切開、ズレた骨を整復し、プレート固定します。
眼窩壁の骨欠損が大きいときは、骨移植が行われています。

頬骨骨折＝頬骨体部骨折における後遺障害のキモ？

1）粉砕骨折、眼窩壁の骨移植など、重度な骨折であるときは、開口障害、複視、頬部の凹みによる顔面変形の後遺障害を残します。

2）開口の正常値は、男性で55mm、女性で45mmですが、2分の1以下となり、開口障害を原因としてそしゃくに相当の時間を要する場合は12級相当が認定されています。

3）複視は、正面視での複視と左右上下の複視の2種類があります。

検査には、ヘスコオルジメーターを使用し、複像表のパターンで立証します。
正面視の複視は、両眼で見ると高度の頭痛やめまいが生じるので、日常生活や業務に著しい支障をきたすものとして10級2号の認定がなされます。

左右上下の複視は正面視の複視ほどの大きな支障は考えられないのですが、軽度の頭痛や眼精疲労が認められます。この場合は13級2号の認定がなされます。

4）頬部の凹みによる顔面変形は、醜状障害として審査が行われています。

●口の障害

4 頬骨弓骨折

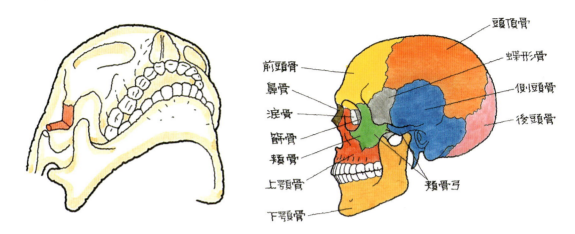

頬骨弓部の直接的な打撃で発症し、体部には骨折のないものです。
眼の症状や感覚障害は起こりません。

①耳の前の凹み、
②骨折部が、側頭筋に食い込み、開口障害、
この2つが主たる症状です。
XP、CTで確定診断が行われ、オペは症状次第ですが、受傷後4～10日前後に、側頭部を1～2cm切開して器械を挿入、落ち込んだ骨を下から持ち上げるオペが行われます。
プレートによる固定は必要なく、オペは、局所麻酔でも行うことができます。

弓部だけの骨折にとどまるものであれば、後遺障害を残すことはありません。

5 眼窩底骨折

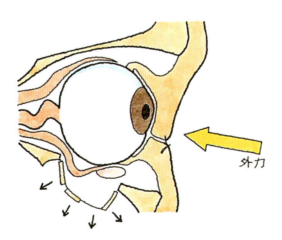

眼窩下壁が骨折して、眼窩脂肪が飛び出している

ブローアウト、吹き抜け骨折とも呼ばれる、特殊な顔面骨の骨折です。
眼球が入っている骨のくぼみを眼窩と言いますが、この眼窩の入り口部分は頑丈にできていますが、その奥の眼窩壁の鼻側～下壁部分は、薄い骨でできているのです。

目に強い衝撃が加わると、眼の周囲の骨は持ちこたえても、弱い眼窩壁が骨折するのです。

骨折部からは眼窩内の脂肪組織や眼を動かす筋肉などがはみ出すことにより、
①眼球陥没、
②眼の動きが悪くなり、モノが二重に見える複視、
③眼窩下壁の知覚神経損傷では、頬〜上口唇の感覚が麻痺、

CTで、骨折の状況を確認、眼球陥没や眼球運動障害の程度から、オペが判断されています。
骨折部で眼を動かす筋肉が挟み込まれているときは、緊急手術で対応されます。
眼窩壁の骨折があっても、複視や眼球陥没などの症状が無ければ手術はしません。
複視の多くは、骨折部の腫れや出血が吸収されると改善してきます。
訴えが複視のみで、CTで問題がないときは、改善状況を見てからオペの可否判断がなされます。
眼の落ちくぼみ、眼球陥没では、待ったなしでオペが選択されています。

全身麻酔下で、骨折した骨を元に戻して固定しますが、薄い骨が粉砕されて整復できないこともあり、そのときは、自分の骨や軟骨、シリコン、セラミック、チタン材などの人工材を骨折部に移植します。

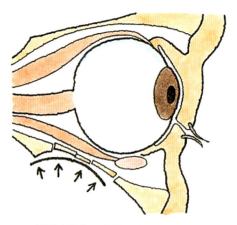
骨折を整復、上顎洞内から支える

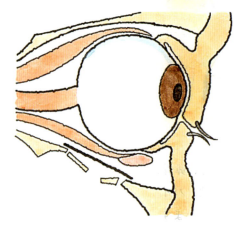
骨の欠損部を補填剤で修復

眼窩底骨折における後遺障害のキモ？

１）眼窩底は厚みがなく、紙にたとえられており、篩骨は、外傷によって容易に骨折するのですが、一方では、これにより、眼球破裂を回避しているのです。
しかし、眼窩底の重度な粉砕骨折では、修復がなされても、複視の後遺障害を残しています。

２）複視は、正面視での複視と左右上下の複視の２種類があります。
検査には、ヘスコオルジメーターを使用し、複像表のパターンで立証します。
正面視の複視は、両眼で見ると高度の頭痛やめまいが生じるので、日常生活や業務に著しい支障をきたすものとして10級2号の認定がなされます。

●口の障害

左右上下の複視は正面視の複視ほどの大きな支障は考えられないのですが、軽度の頭痛や眼精疲労が認められます。この場合は13級2号の認定がなされます。

6　上顎骨骨折

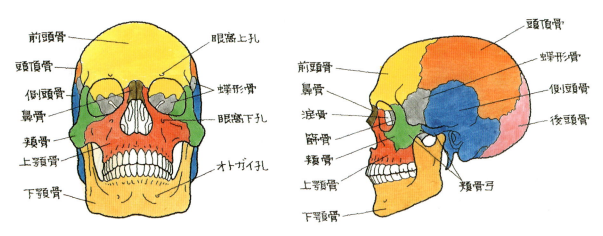

上顎骨は頬骨、鼻骨、口蓋骨と結合し中顔面を構成しているのですが、上顎骨は、薄くてもろいもので、交通事故では、バイク、自転車で走行中、自動車と出合い頭衝突などで転倒した際の外力で、上顎の骨折は発生しています。

上顎骨のほぼ下半分が骨折したものをルフォーⅠ型骨折、上顎骨が鼻骨複合体を含めて骨折したものをルフォーⅡ型骨折と呼びます。
さらに、頬骨をも含め顔面中央部が全体として頭蓋骨と離断される骨折をルフォーⅢ型骨折と呼びます。
また、上顎骨が正中部で離断されたものは矢状骨折と言います。

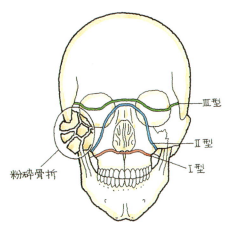

上顎骨上方は解剖学的に頭蓋底となるため、ルフォーⅡ、Ⅲ型骨折では状態も重症であり、頭蓋底骨折による髄液漏をきたすこともあります。

①咬合不全、噛み合わせのズレ、
②顔面の変形、平坦化、
これらが主たる症状ですが、骨折が頬骨に達すると、
③開口障害、口が開けにくい、
④複視、モノが重複して見える、
⑤眼球陥没、
⑥頬・上唇・歯茎のしびれ、
これらの症状が追加的に出現します。

顔面のXP、CT、3DCTにより確定診断がなされます。
治療の目標は歯の噛み合わせを正常にすることで、オペによる骨折の整復と固定が基本となります。術後は、上顎と下顎をゴムやワイヤーで固定する顎間固定を行います。
骨折による転位が少ないときには、顎間固定のみで治療されることもあります。
オペだけで、噛み合わせが戻らないときは、歯科矯正で補正します。

7　下顎骨骨折

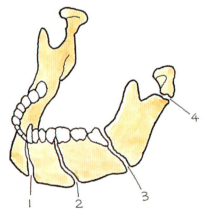

①オトガイ部（正中部）　②下顎体部　③下顎角部（埋伏智歯部）　④下顎頚部

下顎の骨折で、顔面部の骨折では、最も多発例です。
交通事故では、バイク、自転車で走行中、自動車と出合い頭衝突などで転倒した際の外力で、下顎の骨折は発生しています。
症状としては、
①咬合不全、
②疼痛、口腔内や皮下の出血、腫れ、開口障害、流涎＝よだれ、言葉の不明瞭化、
③歯牙の歯折、脱臼
④下顎の変形、
⑤顔面神経麻痺、特に、唇や下顎のしびれ、
⑥関節突起骨折では、外耳道出血が見られることもあります。

以上の 6 つが予想されます。

治療は、口腔外科と形成外科が担当しています。
顔面骨折の診断では、受傷時にどのような外力がどの方向から作用したかを知ることが骨折の部位や程度を診断する上で重要です。
XP 撮影に加えて CT 撮影を行うことは、骨折の位置や程度を把握する上で非常に有効です。
特に 3DCT は 3 次元画像で見ることが可能で、非常に分かりやすいものです。
最近の案件でも、3DCT を最初に確認することができたので、その後の立証作業を進める上でとても役に立ちました。

治療の目的は、元の正しい噛み合わせに戻すことであり、骨折部や噛み合わせの転位＝ズレが小さいときは、オペによらず、上下の顎をゴムやワイヤーで固定する顎間固定を行って骨癒合を待ち、ズレが大きいときは、オペが選択されています。
全身麻酔下で口内を切開、骨折部を整復し、チタンプレートあるいは吸収性プレートで固定します。
オペ後も、骨折部が癒合するまで、1 カ月前後、顎間固定が行われます。
顎間固定中は、開口不能で、流動食ですが、なんとか話すことはできます。

上顎・下顎骨骨折における後遺障害のキモ？

1）上顎・下顎の骨折は、整形外科で対応することはできません。
形成外科と口腔外科を中心に、形成外科が共同してオペや治療を担当しています。
それらの診療科があって、治療技術の高い治療先を選択しなければならないのですが、これらの治療の開始には、10 日前後の猶予があります。
治療の開始が 10 日前後遅れても、それを原因として、大きな後遺障害を残すことはありません。
その点は、安心してください。

2）後遺障害は多岐にわたるため、1 つ 1 つを丁寧に立証していかなければなりません。

①咬合不全は、オペ、オペ後の顎間固定など、苦痛の伴う療養生活が続きますが、優れた口腔外科医であれば、限りなく元通りに修復します。
不可逆的な損傷で、咬合不全を残すときは、パントモ XP 撮影、CT、3DCT で骨折線などを立証し、咬合不全に伴うそしゃくの障害は、口腔外科の主治医の、「そしゃく状況報告表」の作成で、まとめます。

そしゃくとは噛み砕くことですが、この機能障害は不正な噛み合わせ、そしゃくをつかさどる筋肉の異常、顎関節の障害、開口障害、歯牙損傷等を原因として発症します。
そしゃくの機能を廃したものとは、味噌汁、スープ等の流動食以外は受けつけないものであり、3 級 2 号が、そしゃくの機能に著しい障害を残すものとは、お粥、うどん、軟らかい魚肉またはこれに準ずる

程度の飲食物でなければ噛み砕けないものであり、6級2号が、そしゃくの機能に障害を残すものは、ご飯、煮魚、ハム等は問題がないが、たくあん、ラッキョウ、ピーナッツ等は駄目なケースであり、10級2号が認定されます。いずれも先の原因が医学的に確認できることを認定の条件としています。

	そしゃく・言語の機能障害
1級2号	そしゃくおよび言語の機能を廃したもの、 そしゃく機能を廃したもの？　流動食以外は摂取できないもの、
3級2号	そしゃくまたは言語の機能を廃したもの、 言語の機能を廃したもの？　4種の語音のうち、3種以上の発音不能のもの、
4級2号	そしゃくおよび言語の機能に著しい障害を残すもの、 そしゃく機能に著しい障害を残すもの？ 粥食またはこれに準ずる程度の飲食物以外は摂取できないもの、
6級2号	そしゃくまたは言語の機能に著しい障害を残すもの、 言語の機能に著しい障害を残すもの？　4種の語音のうち、2種の発音不能のものまたは綴音機能に障害があるため、言語のみを用いては意思を疎通することができないもの、
9級6号	そしゃくおよび言語の機能に障害を残すもの、 そしゃくの機能に障害を残すもの？　固形食物の中にそしゃくができないものがあることまたはそしゃくが十分にできないものがあり、そのことが医学的に確認できるもの、
10級3号	そしゃくまたは言語の機能に障害を残すもの、 言語の機能に障害を残すもの？　4種の語音のうち、1種の発音不能のもの、

②歯牙の歯折・脱臼、
歯の後遺障害では、事故以前の虫歯なども含め、加重障害として等級が認定されています。
そして、加重障害の計算は、単純な差し引きではなく、とても複雑なものです。
まず、基本的な用語を学習します。

※補綴（ほてつ）とは？
対象の歯を削り、人工のもので補ったことを補綴と呼び、以下の2つに分類されます。

ⅰ 交通事故で受傷した歯の体積の4分の3以上を、治療上の必要から削ったもの、
ⅱ 交通事故受傷ではないが、治療の必要から、健康な歯の4分の3以上を削ったもの、
ここでいう歯とは、歯茎の上、見える部分＝歯冠部のことです。

交通事故で歯を欠損、抜歯した後に、喪失した歯の部分に人工歯を設置するブリッジがあります。
ブリッジでは、両サイドの健康な歯を削り、橋のように3本がつながった人工歯を被せて固定します。

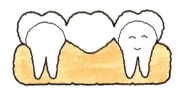

これがブリッジです。

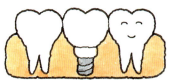
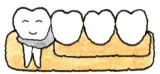

インプラント　　　　部分入れ歯

※欠損？　交通事故により、歯が折れたもの、

※抜歯？
交通事故により、歯がぐらつき、治療上の必要から歯を抜いたもの、

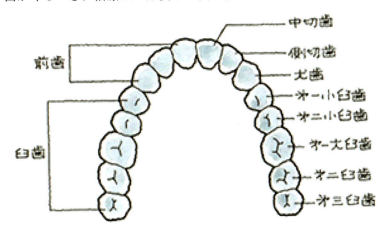

大人の歯、つまり永久歯は上が14、下が14の計28本の歯です。
歯の後遺障害等級は、10級3号〜14級2号まで、5段階で評価されています。

歯牙の障害	
10級4号	14歯以上に対し歯科補綴を加えたもの、
11級4号	10歯以上に対し歯科補綴を加えたもの、
12級3号	7歯以上に対し歯科補綴を加えたもの、
13級5号	5歯以上に対し歯科補綴を加えたもの、
14級2号	3歯以上に対し歯科補綴を加えたもの、

では、後遺障害等級を決める加重計算を説明します。

まず、交通事故で障害された歯と交通事故により補綴を余儀なくされた歯の本数をカウントします。
次に、事故前からの既存障害歯の本数をカウントし、2つを合計した本数を算出します。

※**既存障害歯**
交通事故以前に、虫歯で大きく削られた歯、金属や冠で治療したもの、
クラウン、入れ歯、インプラント、抜けたまま放置されている歯のことです。

合計の本数を現存障害歯として、上表から後遺障害等級を求めます。

次は、交通事故以前からの既存障害歯の本数について、上表から後遺障害等級を求めます。

現存障害歯の自賠責保険金−既存障害歯の自賠責保険金＝加重後の自賠責保険金となります。

Q　鈴木さんは、虫歯の治療で4本に金属を被せ、他の2本は抜けたまま放置していました。
そして、本件交通事故により、2本の歯を根元から歯折しました。
1本はインプラント、もう1本は、両サイドの歯を大きく削り、ブリッジで補綴する治療となりました。

歯の後遺障害等級をお教えください？

既存障害歯は、虫歯の4本、抜けたままの2本で6本となります。
交通事故による障害歯は、インプラント1本、ブリッジによる3本の補綴で4本となります。
現存障害歯は、6＋4＝10本であり、等級表から11級4号となります。
既存障害歯は、6本ですから、5本以上で7本以下、つまり13級5号となります。

11級、331万円－13級、139万円＝192万円が加重障害後の自賠責保険金となります。

誤った判定？
ⅰ 交通事故で折れたのは2本だから、14級の3本以上に該当せず、非該当ですよ？
ⅱ ブリッジで3本、インプラントで1本、合計4本ですから、14級2号になります？
ⅲ 事故後の合計障害歯は10本、ここから事故前の障害歯6本を引くと4本になり、14級2号です？

上記の誤りは、私のHPの間違った掲載が原因となっています。
私のHPでは、「歯科補綴を加えたもの？　なにやら難しい表現ですが、交通事故で現実に喪失した歯の本数が対象です。
見えている部分の4分の3を失ったときも対象に含まれます。
事故で2本の歯を喪失し、両サイドの歯にブリッジを架けると、都合4本の歯に補綴を実施したことになるのですが、
失った歯は2本ですから、後遺障害には該当しません。」
このような間違った掲載を長らく続けてきたのです。

ところが、これらの間違った掲載が、そのまま多くの法律事務所のHPにコピペされているのです。
現在でも、ほとんどの法律事務所では、間違いだらけの理解がなされています。
弁護士のHPに、「交通事故で現実に喪失した歯の本数が対象です？」
こんな記載を発見したときには、パクリ、恥知らずですから、相談をしてはなりません。

Q　山崎さんは、自転車で走行中に自動車と衝突しました。
6カ月後の後遺障害では、右橈骨遠位端粉砕骨折による右手関節の可動域制限で10級10号、
歯も本件事故で3本を喪失したのですが、元々の虫歯も7本あり、歯は合計10本で11級4号、
最終後遺障害等級は、併合により9級となりました。
さて、本件の自賠責保険金はいくらになるでしょうか？

歯の後遺障害では、既存障害歯の7本の12級3号が差し引かれることになります。
併合9級、自賠責保険金は、616万円です。
616万円－224万円＝392万円が、振り込まれる保険金？

ちょっと待って、併合される前の10級10号の自賠責保険金は461万円です。
歯の後遺障害を申請したばかりに、併合で9級となっても、保険金は392万円？
ええ、やぶ蛇なの？　69万円も目減りしているじゃないの？

安心してください。
歯の加重障害を適用して保険金を差し引くよりも、歯の後遺障害を抜きにして、
他の障害が併合されたことによる保険金が、被害者に有利な計算となれば、
加重分の保険金を差し引かない特別なルールが適用されているのです。

つまり、本件では、10級10号を認定して、461万円を支払い、併合11級は却下されます。
歯を除いた障害の併合等級か？
歯を加えた加重障害か？
この選択は、常に、被害者に有利な方で認定されているのです。

しかし、これは、自賠法の規定であり、交通事故に長けた強い弁護士であれば、併合9級として、後遺障害慰謝料690万円を主張、堂々と請求しなければなりません。
歯の喪失では、訴訟であっても、逸失利益は認められていません。
逸失利益のみ、10級をベースに、フル期間を請求することになります。
先のコピペ弁護士に、そんな実力はありません。

最後になりますが、親知らず＝3大臼歯、乳歯の喪失は、当然のことですが、評価の対象外です。
歯の後遺障害診断では、専用の後遺障害診断書を使用します。
これも覚えておいてください。

③上下の顎の変形
交通事故による不可逆的な上・下顎骨の粉砕骨折などで、上・下顎に変形をきたしたときは、醜状瘢痕として後遺障害を申請することになります。
当然、上・下顎骨の変形に伴うそしゃくや言語の障害も後遺障害の対象になり、3つは併合されます。

④顔面神経麻痺、特に、唇や下顎のしびれ、開口障害、流涎＝よだれ、言葉の不明瞭化などでは、メチコバールやビタミンB_{12}など、神経再生薬の投与が行われており、4週間で64％の改善が報告されており、経験則では、大きな後遺障害を残していません。

問題となるのは、粉砕骨折など、不可逆的な損傷ですが、マイクロサージャリーによりオトガイ神経の修復術などが実施されていますが、予後は不良です。

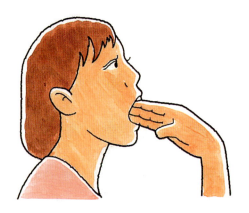

開口は、正常であれば、男性で55mm、女性で45mmが日本人の平均値です。
これが2分の1以下に制限されると、開口障害によりそしゃくに相当の時間を要することになり、12級相当が認定されます。
男女とも、指2本を口に挿入できなくなったときは、後遺障害の対象となります。

参考までに、そしゃく筋について、追加的な説明をしておきます。

下顎骨の運動は、そしゃく筋と呼ばれる筋肉が主に働きます。
この筋肉は、随意に動かすことができ、下顎を上顎に対して上下する、水平に移動することで、歯が食物を噛み切ったり、すりつぶしたりすることができるのです。

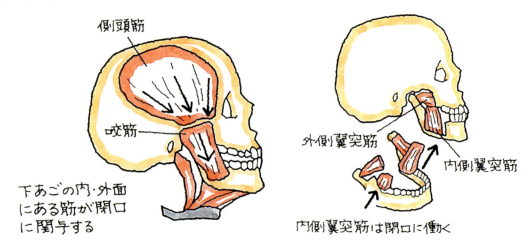

咬筋は、硬い食物を噛み砕くときに働き、こめかみには、閉口や顎を後方に引くときに働く扇形の側頭筋があります。

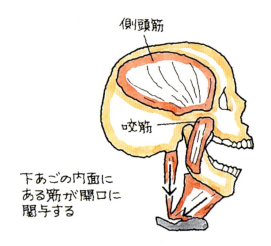

顎を前に突き出すのはそしゃく筋の中で最も小さい外側翼突筋と呼ばれる筋で、開口や下顎の緊張に働く筋です。
顎を開けるとき、そしゃく筋の力を抜くと下顎の重さにより開口します。
大きく口を開いて食物を口に入れるときには、舌骨上筋が主に働き、このときに外側翼突筋は顎を開けやすいように前方移動します。
また、食物を口に入れ、そしゃく時に食塊を口の奥のほうに押し込むのには、表情筋が働きます。

●口の障害

8　味覚脱失

味覚は、甘味、塩味、酸味、苦味の基本4要素からなるといわれていましたが、最近では旨味を加えて基本5要素としています。

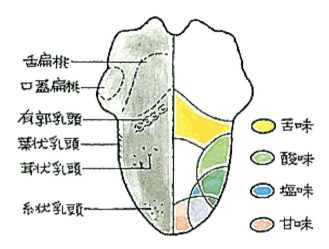

味覚を感じる器官は、味蕾（みらい）と呼ばれ、そのほとんどは舌の表面の乳頭、有郭乳頭、葉状乳頭、茸状乳頭という組織に存在しますが、咽頭粘膜などにも認められます。

甘味、塩味、酸味、苦味の4要素では、感じ方にそれほどの差はなく、旨味のみ、舌の側面、付け根の部分で強く感じると報告されています。

これらの味覚をつかさどる神経は、舌の部分により異なっています。
味覚と嗅覚は、風味といわれる通り、密接に関連していることが報告されており、嗅覚が低下することにより、味覚にも変化が生じています。

交通事故では、頭部外傷や顔面神経麻痺などを原因として発症しています。
味を感じる経路は、
①味物質の味蕾への到達
②味蕾での知覚
③中枢への伝達に分類されるのですが、交通事故においては、舌や顎周辺組織の損傷を原因とすることもあり得るのですが、圧倒的には、中枢への伝達障害が予想されます。

味覚障害における後遺障害のキモ？

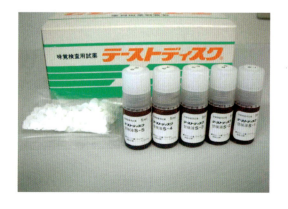

1）味覚障害を他覚的に立証するには、ろ紙ディスク法の最高濃度液検査を受けます。
これは、甘味、塩味、酸味、苦味の4つの基本となる味のついた、ろ紙を舌の上において味質の障害を見る検査法で、薄い味から濃い味へと5段階で検査が行われます。

グレード	1	2	3	4	5
甘味 S 精製白糖	15mg 0.3%	125mg 2.5%	500mg 10%	1000mg 20%	4000mg 80%
塩味 N 塩化ナトリウム	15mg 0.3%	62.5mg 1.25%	250mg 5%	500mg 10%	1000mg 20%
酸味 T 酒石酸	1mg 0.02%	10mg 0.2%	100mg 2%	200mg 4%	400mg 8%
苦味 Q 塩酸キニーネ	0.05mg 0.01%	1mg 0.02%	5mg 0.1%	25mg 0.5%	200mg 4%

検査の結果が、4つの味でレベル1～3であれば、基準範囲内です。
レベル5は、認知不能ですが、味質溶液1mlをピペットで滴下する全口腔法で、認知不能であれば、味質脱失と診断されます。
味覚の脱失とは、基本となる4味質のすべてが認知できないもので、12級相当が認定されます。
味覚の減退とは、基本味質のうち、1質以上を認知できないもので、14級相当の認定です。

他に、舌を微量な電流で刺激して判断する電気味覚検査法、血液の血清中の亜鉛値を測定する方法がありますが、ろ紙ディスク法の最高濃度液検査が主流です。

2）頭部外傷後の高次脳機能障害であっても、味覚の障害は、ほとんどが減退の14級レベルです。
多くは、嗅覚の脱失の影響を受けているものと予想しています。
したがって、同時に、嗅覚障害の立証を行うことを忘れてはなりません。

高次脳機能障害では、被害者が味覚や嗅覚の異常を訴えることは、ほとんどありません。
例えば、カレーライスの匂いや味が分からなくても、それらは脳が記憶しているのです。
記憶だけで、美味しいと言うのです。
多くは、漬物やお浸しに、異常とも思えるほど醤油をかける？ 最近、母の料理は味が濃くなって食べられない？ そんなことで、家族や周囲が気づいているのです。
注意深く、観察を続けなければなりません。

3）嗅覚の障害は、鼻のところで説明していますが、T＆Tオルファクトメータ検査で立証してください。
静脈注射のアリナミンPテストもありますが、どんな臭いが？ どれくらい臭わなくなったか？ これらを明らかにするには、T＆Tオルファクトメータ検査が必要で、この検査で初めて、12級、14級、もしくは非該当を判定することができるのです。

9　嚥下障害

嚥下障害とは、飲食物のそしゃくや飲み込みが困難になることを言います。

そしゃくした食物は、舌により咽頭へ送り込まれて嚥下するのですが、そのときは、軟口蓋が挙上して、口腔と鼻腔が遮断、喉頭蓋で気管に蓋をし、嚥下の瞬間だけに開く、食道へと送り込まれているのです。これらの複雑な運動にかかわる神経や筋肉に障害が生じたときに、嚥下障害を発症します。

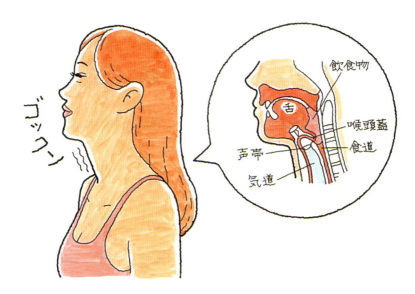

嚥下障害では、食物摂取障害による栄養低下と、食物の気道への流入＝誤嚥による嚥下性肺炎＝誤嚥性肺炎が問題になります。

交通事故では、頭部外傷、頚椎固定術後の嚥下障害を複数例、経験しています。

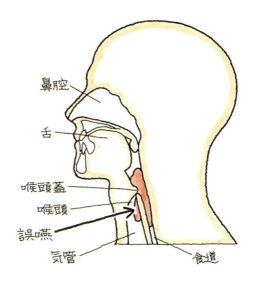

嚥下障害における後遺障害のキモ？

１）57歳男性ですが、青信号で横断歩道を歩行中に、対向右折車に跳ね飛ばされました。
頚椎、C5/6 の脱臼骨折と診断され、前方固定術が実施されたのですが、右半身麻痺による歩行困難、右上肢の脱力などの脊髄症状を残し、9級10号が認定されました。

嚥下困難は、C5/6 頚椎脱臼骨折および頚椎前方固定術に起因するものと捉えられ、お粥、うどん、軟らかい魚肉またはこれに準ずる程度の飲食物でなければ摂取できないところから、6級相当が認定されました。

これは、X線透視下の嚥下造影検査、頚椎MRIで立証したのですが、前方固定部の骨化が進行し、椎体前方の食道や気管を圧迫したことによる嚥下障害と診断されました。

2つの等級は、併合され、併合5級が認定されたのです。

2）もう1例も、C4/5 頚椎前方固定術後に、嚥下障害を発症しています。

上記に比較すれば軽度なものですが、飲食時に、むせることが目立ちました。

耳鼻咽喉科における咽頭知覚検査で、咽頭反射が減弱していることを立証した結果、10級相当が認定されました。

頚椎の脱臼骨折などで前方固定術が行われたときは、嚥下障害に注目しなければなりません。

3）嚥下障害とは、食物を飲み下すことができない状況を説明しています。

舌の異常や食道の狭窄が原因となりますが、交通事故では、頭部外傷による高次脳機能障害で、咽喉支配神経が麻痺したときに発症しています。

この等級はそしゃく障害の程度を準用して等級を定めます。

そしゃくと嚥下は併合せず、いずれか上位等級の選択となります。

		そしゃく・言語の機能障害
1級2号		そしゃくおよび言語の機能を廃したもの、 そしゃく機能を廃したもの？　流動食以外は摂取できないもの、
3級2号		そしゃくまたは言語の機能を廃したもの、 味噌汁、スープ等の流動食以外は受けつけないもの 言語の機能を廃したもの？　4種の語音のうち、3種以上の発音不能のもの、
4級2号		そしゃくおよび言語の機能に著しい障害を残すもの、 そしゃく機能に著しい障害を残すもの？ 粥食またはこれに準ずる程度の飲食物以外は摂取できないもの、
6級2号		そしゃくまたは言語の機能に著しい障害を残すもの、 お粥、うどん、軟らかい魚肉またはこれに準ずる程度の飲食物でなければ噛み砕けないもの 言語の機能に著しい障害を残すもの？　4種の語音のうち、2種の発音不能のものまたは綴音機能に障害があるため、言語のみを用いては意思を疎通することができないもの、
9級6号		そしゃくおよび言語の機能に障害を残すもの、 固形食物の中にそしゃくができないものがあること、またはそしゃくが十分にできないものがあり、そのことが医学的に確認できるもの、
10級3号		そしゃくまたは言語の機能に障害を残すもの、 ご飯、煮魚、ハム等は問題がないが、たくあん、ラッキョウ、ピーナッツ等は駄目なケース 言語の機能に障害を残すもの？　4種の語音のうち、1種の発音不能のもの、

耳鼻咽喉科で実施される嚥下障害を立証するための検査としては、以下の3つがあります。

①咽頭知覚検査

鼻腔内に直径2mmのカテーテルを挿入、仰臥位になり、常温の生理食塩水を1mℓ、次に冷水を1mℓ注入、自然嚥下までの時間を測定するもので、咽頭知覚時間の正常値は5.9 ± 1.3秒、嚥下障害では、時間が長くなります。

②咽頭ファイバースコープ検査
下咽頭や喉頭の機能を確認するには、喉頭ファイバースコープによる内視鏡検査が必要です。
誤嚥の有無は、検査食で行う嚥下内視鏡検査にて、判定することができます。

③嚥下造影検査
造影剤を使用、嚥下状態をX線透視下に観察する嚥下造影検査は、実際に食べ物がどのように飲み込まれるかを調べることができ、信頼性の高い検査ですが、誤嚥が発生する可能性が高いときは、この検査を実施することができません。

10　言語の機能障害　反回神経麻痺（はんかいしんけいまひ）

人の発声器官は咽頭です。
咽頭には、左右の声帯があり、この間の声門が、筋肉の働きで狭くなって、呼気が十分な圧力で吹き出されると、声帯が振動し、声となるのです。

閉じた状態　　　　開いた状態

この声は、口腔の形の変化によって語音に形成され、一定の順序に連結されて、初めて言語となります。
語音を一定の順序に連結することを綴音（てつおん）と言うのです。

語音はあいうえおの母音と、それ以外の子音とに区別されます。
子音はさらに、口唇音・歯舌音・口蓋音・咽頭音の4種に区別されます。
4種の子音とは、
①口唇音（ま、ぱ、ば、わ行音、ふ）
②歯舌音（な、た、だ、ら、さ、ざ行音、しゅ、じゅ、し）
③口蓋音（か、が、や行音、ひ、にゅ、ぎゅ、ん）
④咽頭音（は行音）です。

反回神経麻痺
ヒトが発声するときは、左右の声帯が中央方向に近寄って気道が狭まり、呼気により声帯が振動することにより発声しています。また、食物を飲み込む＝嚥下するときには、嚥下したものが気管に入り込まないように左右の声帯は強く接触して気道を完全に閉鎖しているのです。
このような声帯の運動性は、反回神経によりコントロールされています。

反回神経麻痺では、息もれするような声がれや、誤嚥、むせるといった症状を引き起こします。
両側の反回神経を損傷すると、左右の声帯が中央付近で麻痺して動かなくなり、気道が狭まり、呼吸困

難や喘鳴（ぜんめい）、ゼーゼーした呼吸音を生じます。

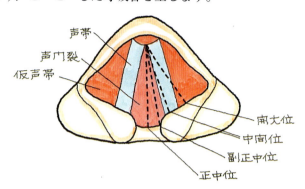

※正中位とは、発声時の位置で、声帯がこの位置で固定されると呼吸困難となります。
※副正中位とは、反回神経麻痺で最も多い固定位置で、大声が出ない状態となります。
※開大位とは、深呼吸の位置で、声帯がここで固定されると声が出なくなり、誤嚥を生じます。

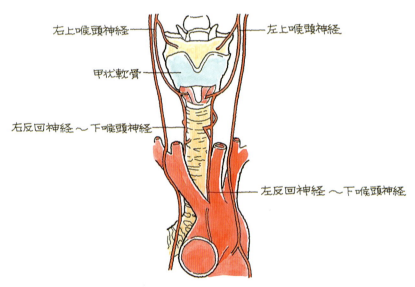

反回神経は、脳から伸びる迷走神経の枝であり、声帯を動かす働きをしています。
この神経は、脳からダイレクトに喉頭にジョイントするのではなく、肺の内側の縦隔まで下行して走行した後、反回して、長いルートをたどり、最終的に喉頭の声帯に到達して喉頭筋を支配しているのです。

交通事故では、プロレスのラリアート（ラリアット）のような咽頭部に対する強い打撃、頚椎の脱臼や椎体骨折、頭部外傷、縦隔気腫に合併しています。
その他に、気管挿管もしくは抜去するときに、声帯の披裂軟骨を脱臼するなど声帯に損傷を受けることにより、かすれ声＝嗄声（させい）を残すことがありますが、これは、反回神経麻痺ではありません。

初発症状は、声がれですが、脳幹に近い頭部外傷では、舌咽神経や副神経などの他の脳神経が近くを走行しており、声がれ、飲食でむせる以外に、声が鼻にもれる、飲み込んだときに鼻へ逆流する舌咽神経麻痺の症状、副神経の症状により、肩が痛い、肩が上がりにくいなどを合併します。

検査では、ファイバースコープで、声帯の動きを観察し、診断されています。
原因を特定するには、頚部、胸部のXP、CT、食道造影、上部消化管内視鏡検査などが行われます。

その他に、筋電図や発声時のX線透視検査を行って鑑別されています。
筋電図検査は、麻痺の程度や回復の見込みを判断する上で、極めて有用な検査です。

治療ですが、急性期では、ビタミンB_{12}、アデノシン酸などの末梢循環改善剤や消炎鎮痛解熱剤としてステロイドなどが経口投与されています。
麻痺の発症から6カ月を経過しても症状の改善がないときは、機能を改善する目的でオペが実施されており、誤嚥などの症状が強いときには、オペ時期が早められています。
オペには、麻痺した声帯にコラーゲンや脂肪を注入して膨らませる方法と、頚部を切開してシリコン板を挿入するか、声帯を動かす軟骨や筋肉を牽引する方法があります。
コラーゲンや脂肪の注入術では、その後、注入した物質が吸収されることがあり、同じ術式が繰り返されることも予想されます。
頚部切開法では、局所麻酔下に発声させながら、声の改善を確認しながらのオペであり、確実性、安定性に優れています。両側反回神経麻痺による気道狭窄では、気管切開、片側声帯の外方牽引術などが実施されています。

反回神経麻痺における後遺障害のキモ？

1）交通事故による口や咽頭の外傷で、かすれ声を除き、言語に機能障害を残した例を経験したことはありませんが、それはともかくとして、認定基準を説明しておきます。

語音はあいうえおの母音と、それ以外の子音とに区別され、子音はさらに、口唇音・歯舌音・口蓋音・咽頭音の4種に区別されます。
4種の子音とは、
①口唇音（ま、ぱ、ば、わ行音、ふ）
②歯舌音（な、た、だ、ら、さ、ざ行音、しゅ、じゅ、し）
③口蓋音（か、が、や行音、ひ、にゅ、ぎゅ、ん）
④咽頭音（は行音）です。

①言語の機能を廃したものとは先の4種の語音のうち、3種以上の発音が不能になったものであり、3級2号が認定されます。

②言語の機能に著しい障害を残すとは、4種の語音のうち2種が発音不能になったもの、または綴音機能に障害があり、言語では意思を疎通させることができないものであり、6級2号が認定されます。

③言語の機能に障害を残すものとは、4種の語音のうち1種の発音不能のものであり、10級3号が認定されます。

④声帯麻痺による著しいかすれ声は、12級相当となります。

そしゃくの機能の著しい障害＝6級2号と言語機能の障害＝10級2号の組み合わせは併合して5級相当となります。

そしゃくの機能の用を廃したもの＝3級2号と言語の機能の著しい障害＝6級2号の組み合わせは併合すると1級になりますが、これでは序列を乱すことになり、2級相当が認定されます。

2）頭部外傷後の高次脳機能障害では、失語症が言語障害に該当するのですが、脳の言語野が損傷されることにより、聞くこと、話すこと、読むこと、書くことのすべてが障害されるものです。
言いたい言葉が思い出せない、相手の言葉を理解することができない、モノの名前を思い出すことができない、これらの3つが代表例ですが、高次脳機能障害が失語症のみにとどまることはなく、他に、認知症などを合併することから、全体像で等級が認定されています。
つまり、高次脳機能障害による失語症では、先の認定基準の適用はありません。
また、高次脳機能障害では、全く声の出なくなる失声症も発生しています。

3）反回神経麻痺などで予想される後遺障害は、かすれ声、嗄声（させい）が代表的です。
事故後、かすれ声を残したときは、耳鼻咽喉科における咽頭ファイバースコープで、他覚的所見を立証しなければなりません。

咽頭部への直接的な打撃や気管挿管もしくは抜去するときの、声帯の披裂軟骨脱臼では、咽頭ファイバースコープで発見できないことが予想されます。
そんなときは、筋電図や発声時のX線透視検査で立証しなければなりません。

整形外科医が作成した後遺障害診断書で、
傷病名が頸部捻挫、自覚症状欄に、右上肢の痛み、重さ感、だるさ感、かすれ声、
画像所見欄に、MRIにて、C5/6右神経根の圧迫を認め、上記の自覚症状と画像所見は一致していると記載されていても、認定されるのは、14級9号がやっとです。
かすれ声は、耳鼻咽喉科における検査で他覚的所見が立証されることで12級相当が認定されることを承知しておかなければなりません。

11　特殊例・気管カニューレ抜去困難症

気管カニューレ

一般的には気道確保の目的で気管切開を行い、気管カニューレ、通称Tチューブを挿管するのですが、稀に、肉芽の増殖、気管切開の位置や管理上の問題で抜去ができなくなることがあります。

気管や咽頭を受傷しても、同様のことが考えられます。

傷病名は、気管カニューレ抜去困難症と診断されます。
私自身、40年間で、1例を経験したのみで、極めて稀な傷病名です。

気管カニューレ抜去困難症と診断されたときは、10級3号が認定されます。
半永久的に抜去が困難であると診断されているときは、6級2号が認定されます。

気管カニューレ抜去困難症における後遺障害のキモ？

1）医学の進歩は目覚ましく、気管カニューレ抜去困難症であっても、オペで除去することができるようになっています。
ただし、予後は、術後に誤嚥をきたすか、肉芽が再増殖してくるかの2つのリスクがあり、いつでも、このオペで成功するのではありません。

オペでは、気管内の肉芽を切除し、内腔にプラスチックのチューブを数カ月間、留置します。
チューブは、気管切開孔から挿入、切開孔の上下3〜5cmの拡がりで、気管の内腔を覆い、新たな肉芽の増殖を抑える処置が実施されます。
術後しばらくして、飲み物の経口摂取の訓練が開始され、誤嚥なく摂取することができれば、最初のリスクはクリアしたことになり、いったんは退院となります。
退院後も、先に気管の内腔に挿入したチューブが抜けるまでは、気管切開孔から呼吸を続けます。
第2のリスクである、肉芽の増殖が発生していないことが確認できれば、チューブを抜去し、その後、肉芽が再発しなければ、気管の切開孔を閉鎖します。

声を残し、
口から食べられて、
誤嚥による肺炎を発症しない、
これらの条件を満たすには、長い入院で、肉芽再発のリスクを乗り越える必要があるのです。

※肉芽（にくが）
外傷や炎症により欠損を生じた部分に増殖する赤く柔らかい粒状の結合組織のこと。

2）気管カニューレ抜去困難症と診断されたときは、症状固定として後遺障害の申請を先行します。
気管カニューレを挿管するほどの重症例ですから、長い入院が続いています。
ここに至って、抜去術が提案されても、リスクがあり、保険屋さんとしては、さらなるオペを認めることはなく、症状固定は問題なく受け入れられます。
等級認定、損害賠償交渉を終えた時点で、医師とも相談の上、抜去術を検討することになります。

	特殊例
10級3号	気管カニューレの抜去困難症である場合、
6級2号	半永久的に抜去が困難な気管カニューレの抜去困難症である場合、

●醜状の障害

1　醜状障害

さて、「後遺障害のキモ」シリーズも 300 回を重ね、最終章です。

醜状障害における傷病名は、顔面挫創、右頬部擦過傷など、読んで字のごとしであり、傷病名別アプローチは意味をなしません。

ここでは、以下の 5 つに絞って、後遺障害のキモを解説していきます。

1）男女差を違憲とした新基準、
2）部位別後遺障害認定基準、
3）申請のタイミング、
4）後遺障害診断書、記載の要領
5）他の認定基準との比較

醜状障害における後遺障害のキモ？

1）男女差を違憲とした新基準について

「顔面の醜状痕に男女差を認めることは、男女平等を定めた憲法に違反する。」

2010 年 5 月 27 日、京都地裁は、労災事故で顔や頸部に大火傷を負った 35 歳の男性に対して、女性よりも後遺障害等級が低いのは男女平等を定めた憲法に反するとの、違憲判断を示し労災保険の給付処分を取り消しました。

●醜状の障害

2010年6月10日、厚生労働省は、この違憲判決を受け入れ、控訴しないことを決定、64年ぶりに醜状障害の等級認定基準は見直されることになりました。

①新基準

等級	自賠責保険　醜状障害の新認定基準
	醜状障害の内容
7	12　外貌に著しい醜状を残すもの、
9	16　外貌に相当程度の醜状を残すもの、
12	14　外貌に醜状を残すもの、 15　女子の外貌に醜状を残すものは、削除されました。
14	4　上肢の露出面に手のひらの大きさの醜いあとを残すもの、 5　下肢の露出面に手のひらの大きさの醜いあとを残すもの、 10　男子の外貌に醜状を残すものは、削除されました。

醜状障害は、2010年6月10日に京都地裁の違憲判決が確定しており、男女間格差は否定され、2011年5月2日、政令第116号により、以下の修正が加えられました。
①別表Ⅱ7級12号の「女子の外貌」を「外貌」に改めること、
②別表Ⅱ9級16号を9級17号に改め、9級16号は「外貌に相当程度の醜状を残すもの」とすること、
③別表Ⅱ12級14号の「女子の外貌」を「外貌」に改め、12級15号を削除すること、
④別表Ⅱ14級10号を削除すること、
この政令は公布日＝2011年5月2日から施行し、自動車損害賠償保障法施行令の規定は、2010年6月10日以降に発生した自動車の運行による事故について適用する。

2010年6月10日以前の事故日であれば、新基準の適用はありません。
遡及適用は、2010年6月10日以降に発生した事故日の被害者に限定されており、2010年6月10日以前の事故日であれば、12級15号、14級10号の認定となります。
自賠責保険に異議申立を行っても、なんの効果も得られません。
地方裁判所に訴訟を提起して争う事案であることを理解してください。

②外貌に著しい醜状を残すものは、7級12号？

外貌の著しい醜状とは、頭部では手のひら大以上の瘢痕が残ったとき、頭蓋骨に手のひら大以上の欠損が残ったときを言います。
手のひらとは、指の部分を除いた手の面積で、大小の違いがありますが、被害者の手のひらの面積と比較して、等級が認定されています。

顔面部では、鶏卵大以上の瘢痕・5cm以上の線状痕、10円硬貨大以上のくぼみを残したときは、7級12号に該当します。
耳殻軟骨部の2分の1以上の欠損、
鼻軟骨部の大部分を欠損したときも、著しい醜状に該当します。

③外貌に相当程度の醜状を残すものは、9級16号？

新基準で新たに設定された等級ですが、答申では、「外貌に相当な醜状を残すものには、現在、外貌の著しい醜状として評価されている障害のうち、醜状を相当程度軽減できるとされる長い線状痕が該当する。」とあり、どうやら、線状痕が狙い撃ちにされています。

これまでは、3cm以上の線状痕が後遺障害等級の対象であり12級が、5cm以上となれば7級が認定されていましたが、答申では、醜状を相当程度軽減できるとされる長い線状痕は、9級と認定したいようです。「相当程度軽減できるとされる長い線状痕？」それにつけても、曖昧な表現です。

ドスで切られたケロイド状の線状痕であれば、7級12号となって、それ以外の線状痕は、5cm以上であれば、9級16号と判断しています。

④外貌に醜状を残すものは、12級14号？

頭部では鶏卵大以上の瘢痕、または頭蓋骨の鶏卵大以上の欠損、顔面部にあっては10円銅貨以上の瘢痕または3cm以上の線状痕、頚部では鶏卵大面積以上の瘢痕で人目につく程度以上のものであり、12級14号が認定されます。
頭蓋骨に鶏卵大の欠損が認められても、この部分に人工骨がはめ込まれていれば、等級の対象となりません。

⑤2個以上の瘢痕や線状痕？

交通事故では、顔面に複数の醜状痕を残すことも予想されるのですが、そんなとき、自賠責保険の運用規定では、「2個以上の瘢痕または線状痕が相隣接し、または相まって1個の瘢痕または線状痕と同程度以上の醜状を呈するときは、それらの面積、長さなどを合算して認定する。」と規定されています。

ところが、相隣接する、相まってについては、具体的な記載がなされておらず、調査事務所の判断にもバラツキがあって、トラブルことが多いのです。

醜状痕の後遺障害認定は上記の醜状が存在することが前提ですが、さらに他人をして醜いと思わせる程度、人目につく程度以上でなければならないとされています。

私が大変危険と思うのは、運用基準の、「**他人をして醜いと思わせる程度、つまり、人目につく程度以上のもの？**」この部分であり、ここには、調査事務所の担当者の主観が入ります。

男女に関係なく、チョー・イケ面からイケテナイ面に至るまで、人間の顔は多彩なラインアップです。イケ面なら目立つ線状痕が、あなたに限っては目立たないは、事実としてあるのです。

そこで、調査事務所は醜状痕の認定申請を行った被害者に対し、面接調査を行い、色素沈着の程度・部位・形態などの確認を行い最終的な判断をしているのです。

当然ながら、本件を担当する弁護士には、被害者に同行して面接に立ち合い、具体的に、どんな大きさ、長さであったのかをシッカリ確認して、調査事務所の主観を排除するようにお願いをしています。

たとえ、どんなに醜い醜状であっても眉毛・頭髪に隠れる部分は、計算対象から除外されます。

また、顎の下にできた醜状で、正面から確認できないものは、これも醜状痕としての後遺障害対象から除外されています。

⑥上肢・下肢の醜状？

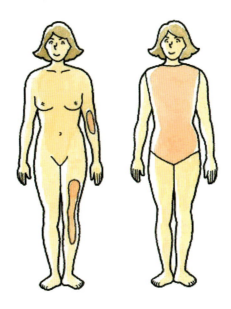

上肢の露出面とは、上腕部、肩の付け根から指先、下肢の露出面は大腿、足の付け根から足の背部までを言い、これらの部分に、手のひら大の醜状痕が残ったときは、上肢で14級4号、下肢で14級5号が認定されます。

手のひらの3倍程度以上の瘢痕であれば、著しい醜状と判断され、12級相当が認定されています。

なお、手のひら大とは、指の部分を除いた面積で、被害者の手のひらの大きさで計測します。

上肢または下肢の露出面に複数の瘢痕や線状痕が存在するときは、それらの面積を合計して評価することになっています。

長さではなく、面積の比較であることを理解してください。

⑦日常露出しない部位の醜状障害？

日常露出しない部位とは、先のイラスト右側の塗りつぶした範囲の胸部・腹部・背部・臀部を言います。胸部＋腹部、背部＋臀部の合計面積の4分の1以上の範囲に瘢痕を残すものは14級が、2分の1以上の範囲に瘢痕を残すものは12級相当が認定されます。

しかし、セレブの女性はローブ・デコルテなんてドレスをお召しになりますので、私に限っては、日常露出しない部分ではないと、きっと主張なさるでしょう。
こういうときの、調査事務所の慌てぶりを見てみたいものです。

胸部＋腹部、背部＋臀部の合計面積の4分の1以上の範囲、または2分の1以上の範囲となると、相当に大きなもので、女性であれば、水着姿になれない深刻なものです。
露出度は、年々高くなっており、最近の傾向として、運用上は、これ以下の面積であっても、等級は認定されているのです。
他人をして醜いと思わせる程度、つまり、人目につく程度以上のもの？では、上記の認定基準であきらめるのではなく、申請は行わなければなりません。

3）申請のタイミング？
なにがなんでも、受傷から6カ月を経過した時点で症状固定、後遺障害等級を確定させます。

申請は創面癒着後6カ月とされていますから、縫合したときは、糸抜きをしてから180日後となります。
私は、180日を経過すれば、他に骨折などで治療中であっても、顔面の醜状痕だけは症状固定とすべきの考えで、これまでから、そのような対応を続けてきています。

保険屋さんは、全部まとめてと、のたまいますが、そんなこと構ってはおられません。
いつの場合でも、保険屋さんの利益は、すなわち被害者の不利益となるのです。

そして、創、切傷は、時間の経過とともに、わずかではありますが、収縮を続けていきます。
すべての傷病の症状固定を待っていれば、5.2cm が、4.7cm になり兼ねないのです。
5cm 以上あったものが、2cm に、消えてなくなることはあり得ないのですが、大方は、4.7cm、4.5cm で、見た目は前と変わらないのに、自賠責保険の評価は、1051 万円、もしくは 616 万円から 224 万円とダダ下がり、いよいよ、2.9cm に至っては、非該当で金銭的な評価は 0 円、泣いても、泣ききれないのです。

大半の被害者は、顔面の醜状を気にするあまり、美容形成で形成術を急ぐのですが、治療効果と損得勘定で考えるのであれば、急ぐべきは、6 カ月後の症状固定であり、治療は後回しです。

医大系の形成外科における治療は、6〜8 カ月後、創や醜状の安定を待って、着手されています。
つまり、目立たなくする、ベストな治療は、そんなに急いで実施されるものではないのです。

顔面に 5cm 以上の線状痕を残すと、等級は 7 級 12 号であり、自賠責保険からの振込額は 1051 万円、
線状痕で 9 級 16 号が認定されても、616 万円です。
それに対して、肩関節の用廃では、8 級 6 号で 819 万円、
1 耳の聴力を喪失しても、9 級 9 号で 616 万円、
男性で片側の睾丸を喪失した男性では、11 級 10 号で 331 万円です。
ですから、後遺障害を検討する 4、5 カ月では、この金額の大きさに注目しなければなりません。

交通事故が原因の醜状痕に対する形成術は、医大系総合病院の形成外科であり、入院を伴う手術であっても、健康保険が使えますから、高額療養費の支給を申請すれば、患者負担分が 7 万円を超えることなど、ありません。

4）後遺障害診断書、記載の要領？

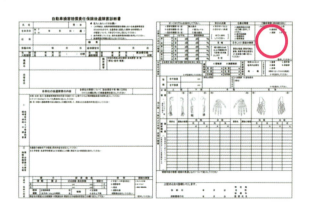

後遺障害診断書は、見開きのA3サイズですが、⑦醜状障害の記載欄は、右上の隅、4.3×4.5cmと非常に小さく、記載を受けても、大変見にくいのです。

そこで、後遺障害診断に際しては、
①まず、デジカメで醜状の写真撮影を行います。
②町の写真屋さんに持ち込み、A4サイズのプリント画像に加工してもらいます。
③プリント画像に、透明フィルムを貼り付け、醜状の長さや面積を計測して書き込みます。

これを医師に見せて、間違いのないことを確認してもらい、後遺障害診断書に、別紙参照の記載を受けるのです。医師からも、手間が省けるので、大歓迎、喜ばれています。

皆様も、活用されてはいかがでしょうか?

5）他の認定基準との比較
①顔面神経麻痺
顔面神経麻痺は、本来は、神経系統の機能の障害ですが、その結果として現れる口の歪みは、外貌に醜状を残すものとして12級13号が認定されます。

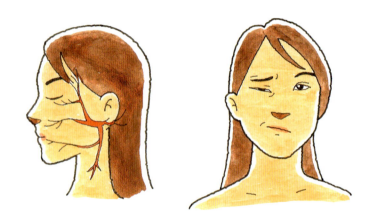

まぶたの運動障害は、顔面や側頭部の強打で、視神経や外眼筋が損傷されたときに発症しています。

ⅰまぶたを閉じる＝眼瞼閉鎖、
ⅱまぶたを開ける＝眼瞼挙上、
ⅲ瞬き＝瞬目運動

まぶたには、上記の3つの運動があり、まぶたに著しい運動障害を残すものとは、まぶたを閉じたときに、角膜を完全に覆えないもので、兎眼と呼ばれています。
同じく、まぶたを開いたときに、瞳孔を覆うもので、これは、眼瞼下垂と呼ばれています。
単眼で12級2号、両眼で11級2号が認定されています。
これらも、上記等級と、外貌の醜状障害による等級のうち、いずれか上位の等級が選択されます。

顔面神経麻痺に伴い、口の歪みと眼瞼下垂を残したとき、醜状障害としてなん級になるのか?
口の歪みで12級13号、眼瞼下垂で12級2号、これらを併合し11級?
外貌に著しい醜状を残すものとして、7級12号?

外貌に相当程度の醜状を残すものとして、9級16号？
お顔を拝見しないことには、判断できません。

②耳介の欠損？

耳介軟骨部の2分の1以上を欠損したときは、耳介の大部分の欠損としては、12級4号ですが、醜状障害で捉えると、外貌に著しい醜状を残すものとして7級12号になります。
耳介の一部の欠損では、耳介の欠損としての等級はありませんが、それが、外貌の醜状に該当すれば、12級13号が認定されています。

③鼻の欠損、斜鼻、鞍鼻？

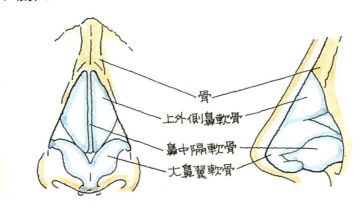

鼻軟骨部の全部、または大部分を欠損し、鼻呼吸困難、または嗅覚脱失を残したときは、9級5号ですが、醜状障害と捉えたときは、7級12号が認定されます。
上記の等級は併合されることはなく、いずれか上位が選択されます。
鼻軟骨の一部、または鼻翼を欠損したときは、鼻の欠損としての等級認定はありませんが、外貌醜状では、12級13号が認定されています。

斜鼻　　　　　　　　　　鞍鼻　　　　　　　　　　鞍鼻

鼻骨の側面を打撃したことで、鼻骨が横にずれた形となり、斜鼻を残したとき？
打撃が鼻骨の上からの打撃で、鼻骨が脱臼、陥没する鞍鼻を残したとき？
鼻の後遺障害として等級の定めはありませんが、いずれも醜状障害として申請することになります。
程度により、12級14号、9級16号、7級12号が認定されます。
イラスト右端のような鞍鼻であれば、7級12号となります。

耳介や鼻の欠損として後遺障害を申請するのか、それとも、醜状障害として申請するのか？
事前の検証が必要です。

●肩・上腕の障害

1 上腕神経叢麻痺(じょうわんしんけいそうまひ)

上肢手指の後遺障害では、上腕神経叢麻痺が最も重症例です。
本来は、頚椎神経根の引き抜き損傷ですから、自賠責保険では、脊椎・脊髄のカテゴリーの分類としていますが、症状が上肢に集中するところから、ここでは、上肢の障害として取り上げています。

全型の引き抜き損傷では、肩・肘・手関節の用を廃し、手指もピクリとも動きません。
1上肢の用廃で5級6号が認定される深刻な後遺障害となります。

上肢、手の運動は、頚髄から出ている5本の神経根、C5頚髄神経根からT1胸髄神経根を通過して、各々の末梢神経に伝えられており、左鎖骨下動脈部を指で圧迫すると、左上肢がしびれてくるのは鎖骨下動脈の下に、上肢に通過している5本の上腕神経叢が存在しているからです。
指で圧迫しなくても、しびれを発症していれば、胸郭出口症候群と呼ばれています。

上腕神経叢の叢とは草むらを意味するのですが、5本の神経根が草むらのように複雑に交差しているところから、上腕神経叢と呼ばれているのです。
余談はさておき、上腕神経叢麻痺は、バイク・自転車で走行中の事故受傷で、肩から転落した際に側頚部から出ている神経根が引き抜かれるか？ 引きちぎられて？ 発症しています。

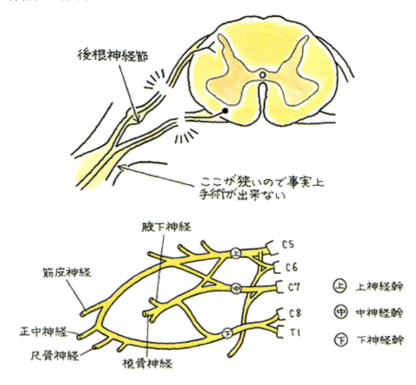

①C5頚髄神経は肩の運動、
②C6頚髄神経は肘の屈曲、
③C7頚髄神経は、肘の伸展と手首の伸展、
④C8頚髄神経は手指の屈曲、
⑤T1胸髄神経は、手指の伸展をそれぞれ分担しています。

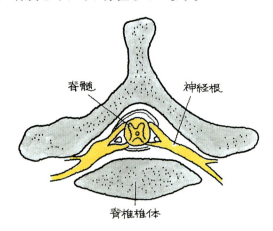

これらの神経根が事故受傷により引きちぎられるのですから、握力の低下にとどまらず、支配領域である上肢の神経麻痺という深刻な症状が出現します。

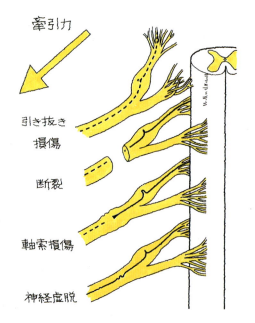

①脊髄から神経根が引き抜ける損傷が最も重篤で予後不良ですが、引き抜き損傷であれば、脊髄液検査で血性を示し、CTミエログラフィー検査で、造影剤が漏出、立証は簡単です。
そして、引き抜き損傷では、眼瞼下垂、縮瞳および眼球陥没のホルネル症候群を伴う可能性が大となり、手指の異常発汗が認められます。

②次に、神経根からの引き抜きはないものの、その先で断裂、引きちぎられるものがあります。
断裂では、ミエログラフィー検査で異常が認められず、ホルネル症候群も、異常発汗を示さないこともあります。
このケースでは、脊髄造影、神経根造影、自律神経機能検査、針筋電図検査等の電気生理学的検査、MRI検査などで立証することになります。

③神経外周の連続性は温存されているのに、神経内の電線、軸索と言いますが、これのみが損傷されているのを軸索損傷と呼び、このケースであれば、3カ月くらいで麻痺が自然回復、後遺障害の対象ではありません。

④神経外周も軸索も切れていないのに、神経自体がショックに陥り、麻痺している状態があります。
神経虚脱と呼ばれていますが、3週間以内に麻痺は回復、これも後遺障害の対象ではありません。

治療は、受傷後、できるだけ早期に神経縫合や肋間神経移行術、神経血管付筋移行術を受けることになります。なぜなら、6カ月以降に手術をしても、筋肉が萎縮し、たとえ神経が回復しても十分な筋力が回復できないからです。
当然、手の専門医の領域ですが、予後は不良です。
上肢の機能の実用性を考慮して、等級の評価が行われています。

神経移行術に実績のある病院を以下に紹介しておきます。

※都立　広尾病院
〒150-0013　東京都渋谷区恵比寿 2-34-10
TEL　03-3444-1181
医師　田尻康人整形外科部長、川野健一医長
専門外来　末梢神経外科外来

※JA山口厚生連　小郡第一総合病院　整形外科
〒754-0002 山口県山口市小郡下郷 862-3
TEL　083-972-0333
医師　土肥　一輝　院長
http://www.ogoridaiichi.jp/sinryou/seikei.htm

こちらでは、筋肉移植で肩機能を再建する手術が実施されています。
条件が揃えば、肩・肘機能だけでなく、手指屈伸機能も回復できるようになるとのことです。

いずれも、ネット検索をされ、主治医の紹介状を持参して受診することになります。

手のしびれや、握力の低下が認められる、頚椎捻挫の被害者の診断書に、腕神経叢麻痺の傷病名が記載されていることがありますが、治療内容は理学療法、ビタミン剤の内服が中心で、一般的な頚椎捻挫と何ら変わりません。
正しい診断でも、軸索損傷や神経虚脱であれば、後遺障害を残すことなく改善します。
そして、通常の頚椎捻挫で、腕神経叢麻痺が起こることはあり得ませんから、気にしないことです。

上腕神経叢麻痺における後遺障害のキモ？

1）どちらの治療先でも対応できる傷病名ではありません。

限られた手の外科の専門医の領域ですが、少なくとも、受傷から6カ月以内に適切なオペがなされないと、回復は期待できず、深刻な後遺障害を残すことになります。

治療先の対応に不安を感じられたときは、急いで、専門医のネットワークを構築しているNPO交通事故110番に、相談してください。

2）後遺障害等級
①全型の引き抜き損傷では、肩・肘・手関節・手指の用廃であり、1上肢の用廃で5級6号が、

②C6～T1の引き抜き損傷では、1上肢の2関節の用廃で6級6号、手指の用廃で7級7号となり、併合のルールでは2等級引き上げで、併合4級となりますが、一上肢を手関節以上で失ったものにはおよばず、併合6級が、

③C7～T1の引き抜き損傷では、手関節の機能障害で10級10号、5の手指の用廃で7級7号、併合のルールでは5級になりますが、一上肢の2関節の用廃にはおよばず、併合7級が、

④C8～T1の引き抜き損傷では、5の手指の用廃で7級7号が認定されます。

3）自賠法のルールでは、上記の通りですが、本件の傷病であれば訴訟で決着することが一般的です。であれば、自賠責保険の認定等級に縛られるのではなく、実際の上肢の機能の実用性を検証して、きめ細かく損害賠償請求を行うべきと考えています。

2　肩関節の仕組み

骨だけで肩関節を眺めると、丸い上腕骨頭が肩甲骨のくぼみに、寄り添っているだけで、肩甲骨は、鎖骨につり下げられるように連結し、他方で、肋骨にも乗っかっており、頼りない構造となっています。

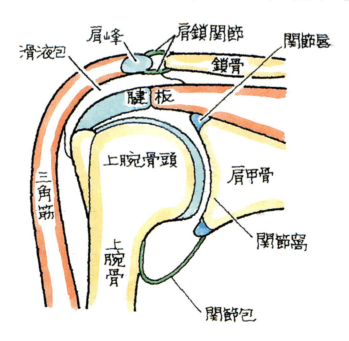

●肩・上腕の障害

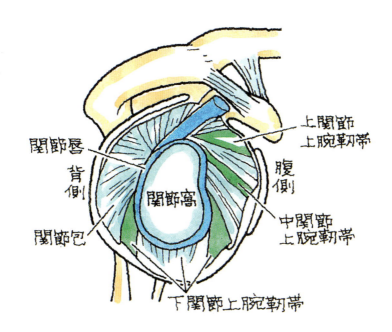

肩関節は、上肢に自由度の高い運動範囲を与えていますが、極めて不安定であり、外傷の衝撃により、骨折や脱臼を起こしやすい関節構造となっているのです。

これらの不安定性を補う必要から、関節唇、関節包や腱板によって補強されています。
上方には、烏口肩峰靭帯があり、上方の受け皿となり、滑液包が潤滑の役割を担っています。
関節包は余裕を持たせる一方で、局部的に肥厚し安定性を高めています。

さらに、肩関節は、三角筋と大胸筋の大きな筋肉で覆われています。

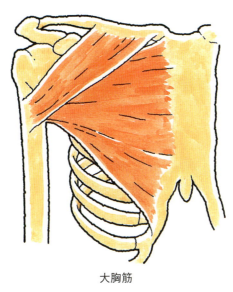

大胸筋

三角筋は、肩関節を屈曲・伸展、外転、水平内転・水平外転させる作用があり、大胸筋は、肩関節の水平内転、初期段階の屈曲、内転、内旋動作などに関与しています。

ここでは、ムチウチに次いで多発している鎖骨骨折について、遠位端骨折、肩鎖関節脱臼、胸鎖関節脱臼の3つの外傷と後遺症を学習します。
引き続き、肩腱板断裂、肩関節の脱臼、反復性肩関節脱臼、肩関節周囲炎、上腕骨近位端骨折、上腕骨

骨幹部骨折に進み、肩関節周辺で発生しているすべての傷病名と後遺障害を学習します。

3 鎖骨骨折

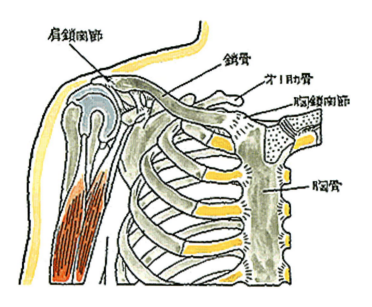

鎖骨骨折は、交通事故では、ムチウチに次いで多発しています。
自転車、バイクVS自動車の交通事故で、被害者が転倒、手・肘・肩などを打撲したときに、その衝撃が鎖骨に伝わって、鎖骨骨折を発症しています。
追突、出合い頭衝突、正面衝突では、シートベルトの圧迫で鎖骨が骨折することもあります。

鎖骨の横断面は、中央部から外側に向かって三角形の骨が、薄っぺらく扁平していきます。
三角形から扁平に骨が移行する部位が鎖骨のウイークポイントであり、鎖骨骨折の80％が、その部位で発生しています。この部位は、より肩関節に近いところから、遠位端骨折と呼ばれています。
その次の好発部位は、肩鎖関節部です。
肩鎖靭帯が断裂することにより、肩鎖関節は脱臼し、鎖骨は上方に飛び上がります。

治療は、ほとんどがオペによらず、固定による保存療法が選択されています。
胸を張り、肩をできる限り後上方に引くようにして、クラビクルバンドを装着、固定します。

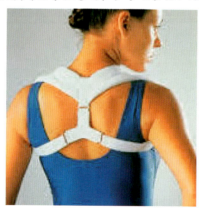

クラビクルバンド

一般的には、成人で4～6週間の固定で、骨折部の骨癒合が得られます。

● 肩・上腕の障害

鎖骨骨折における後遺障害のキモ？

1）鎖骨は体幹骨であり、体幹骨の変形として12級5号の認定が予想されます。
裸体で変形が確認できることが、認定の要件です。

鎖骨の変形では、骨折部に運動痛があるか、ないか？　ここが重要なポイントになります。
体幹骨の変形による12級5号では、骨折部の疼痛も周辺症状として含まれてしまいます。
つまり、疼痛の神経症状で12級13号が認定され、併合11級となることはないのです。

なんの痛みもなければ、変形で12級5号が認定されても、逸失利益のカウントはありません。
しかし、運動痛が認められていれば、10〜15年程度の逸失利益が期待できます。
変形に伴う痛みは、鎖骨骨折部のCT、3D撮影で骨癒合状況を明らかにして、立証しています。
骨癒合が完璧で、それでも痛い？　こんな嘘が、まかり通る世の中ではありません。
この辺りが、奥の深いところです。

2）鎖骨の遠位端骨折部の変形により、肩関節の可動域に影響を与えることが予想されます。
こうなると、鎖骨の変形以外に、肩関節の機能障害が後遺障害の対象となります。
となれば、骨折部位の変形をCT、3Dで立証しなければなりません。
左右差で、4分の3以下であれば、12級6号が認定され、先の変形による12級5号と併合され、併合11級が認定されるのです。

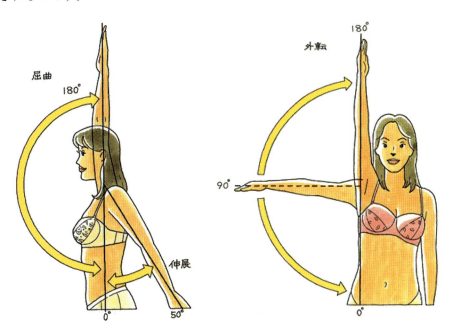

部位	主要運動				参考運動		
肩関節	屈曲	外転	内転	合計	伸展	外旋	内旋
正常値	180°	180°	0°	360°	50°	60°	80°
8級6号	20°	20°	0°	40°			
10級10号	90°	90°	0°	180°	25°	30°	40°
12級6号	135°	135°	0°	270°	40°	45°	60°

主要運動が複数ある肩関節の機能障害については、屈曲と、外転＋内転のいずれか一方の主要運動の可動域が、健側の2分の1以下に制限されているときは、肩関節の機能に著しい障害を残すものとして10級10号、同じく、4分の3以下に制限されているときは、肩関節の機能に障害を残すものとして12級6号が認定されています。
屈曲と、外転＋内転が、切り離して認定されていることに注目してください。

4　肩鎖関節脱臼（けんさかんせつだっきゅう）

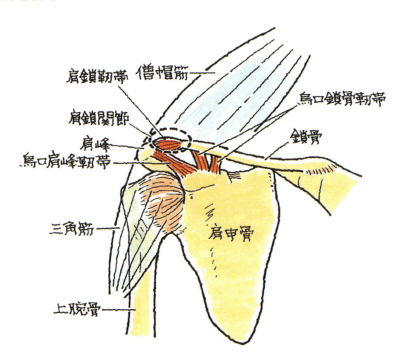

肩鎖関節脱臼のグレード		
Ⅰ	捻挫	肩鎖靭帯の部分損傷、烏口鎖骨靭帯、三角筋・僧帽筋は正常、XPでは、異常は認められません。
Ⅱ	亜脱臼	肩鎖靭帯が断裂、烏口鎖骨靭帯は部分損傷、三角筋・僧帽筋は正常です。XPでは、関節のすきまが拡大し鎖骨遠位端が少し上にズレています。
Ⅲ	脱臼	肩鎖靭帯、烏口鎖骨靭帯ともに断裂、三角筋・僧帽筋は鎖骨の端から外れていることが多く、XPでは、鎖骨遠位端が完全に上にズレています。
Ⅳ	後方脱臼	肩鎖靭帯、烏口鎖骨靭帯ともに断裂、三角筋・僧帽筋は鎖骨の端から外れている。鎖骨遠位端が後ろにズレている脱臼です。
Ⅴ	高度脱臼	Ⅲ型の程度の強いもの、肩鎖靭帯、烏口鎖骨靭帯ともに断裂、三角筋・僧帽筋は鎖骨の外側1/3より完全に外れています。
Ⅵ	下方脱臼	鎖骨遠位端が下にズレる、極めて稀な脱臼です。

肩鎖関節とは、鎖骨と肩甲骨の間に位置する関節のことです。
肩鎖関節脱臼は、肩鎖靭帯・烏口鎖骨靭帯の損傷の程度や鎖骨のズレの程度等に応じて、上記の6つのグレードに分類されています。
大多数はグレードⅢ未満で、グレードⅥは、滅多に発生しないと言われており、私も、未経験です。
Ⅰ・Ⅱ・Ⅲでは、主として保存療法が、Ⅳ・Ⅴ・Ⅵでは観血術による固定が選択されています。

肩鎖関節脱臼における後遺障害のキモ？

1）グレードⅠの捻挫では、後遺障害を残しません。

2）グレードⅡ・Ⅲでは、外見上、鎖骨が突出し、ピアノキーサインが陽性となります。

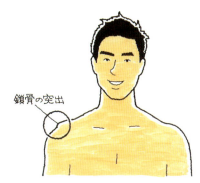

裸体で変形が確認できれば、体幹骨の変形として12級5号が認定されます。
あくまでも外見上の変形であり、XP撮影により初めて分かる程度のものは非該当となります。
ピアノキーサインが陽性のときは、男性は上半身裸、女性ならビキニ姿で、外見上の変形を写真撮影し、後遺障害診断書に添付しなければなりません。

鎖骨の変形と同じですが、骨折部に運動痛があるか、ないか？ ここが重要なポイントになります。
体幹骨の変形による12級5号では、骨折部の疼痛も周辺症状として含まれてしまいます。
つまり、疼痛の神経症状で12級13号が認定され、併合11級となることはないのです。

なんの痛みもなければ、変形で12級5号が認定されても、逸失利益のカウントはありません。
しかし、運動痛が認められていれば、10～15年程度の逸利益が期待できます。
変形に伴う痛みは、自覚症状以外に、鎖骨骨折部のCT、3D撮影で立証しています。
変形が認められなくても、肩鎖関節部の痛みで14級9号が認定されることもあります。
この辺りが、交通事故110番ならでは、奥の深いところです。

3）肩鎖関節部の靭帯損傷や変形により、肩関節の可動域に影響を与えることが予想されます。
こうなると、鎖骨の変形以外に、肩関節の機能障害が後遺障害の対象となります。
となれば、骨折部位の変形をCT、3D、靭帯断裂はMRIで立証しなければなりません。

患側の関節可動域が健側の関節可動域の2分の1以下とは、手が肩の位置辺りまでしか上がらないイメージで10級10号が、患側の関節可動域が健側の関節可動域の4分の3以下とは、手が肩の位置よりは上がるけれど、上までは上がらないイメージで12級6号が認定されます。
可動域は、鎖骨骨折を参考にしてください。

4）症状と後遺障害等級のまとめ

等級	症状固定時の症状
10級10号	患側の可動域が健側の2分の1以下となったもの、

12級6号	患側の可動域が健側の4分の3以下となったもの、
12級5号	鎖骨に変形を残すもの、
14級9号	脱臼部に痛みを残すもの、
併合9級	肩関節の可動域で10級10号＋鎖骨の変形で12級5号
併合11級	肩関節の可動域で12級6号＋鎖骨の変形で12級5号

肩関節の機能障害と鎖骨の変形障害は併合の対象ですが、鎖骨の変形と痛みは、周辺症状として扱われ、併合の対象には、なりません。

等級が併合されなくとも、痛みがあれば、それは後遺障害診断書に記載を受けなければなりません。

5　胸鎖関節脱臼
きょうさかんせつだっきゅう

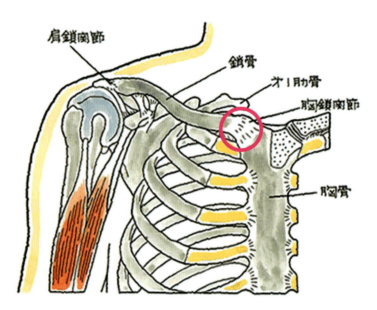

大型バイクでツーリング中、山間部左カーブ地点でセンターラインオーバーの対向車との衝突を避けるため、右に急ハンドルを切り、崖下に落下した被害者で、この傷病名を初めて経験、崖下に転落した際に、立木に右肩部をぶつけたとのことです。

診断書には、右胸鎖関節前方脱臼、第1肋骨骨折と記載されていました。

胸鎖関節は、鎖骨近位端が胸骨と接する部分で、先に説明した肩鎖関節の反対に位置しています。
胸鎖関節は、衝突や墜落などで、肩や腕が後ろ方向に引っ張られた際に、鎖骨近位端が、第1肋骨を支点として前方に脱臼すると言われています。

受傷から2カ月経過、クラビクルバンド固定を外して1週間で、交通事故無料相談会に参加されました。
鎖骨の近位端部は、少しですが前方に飛び出しており、裸体で確認ができました。
突出部に圧痛が強く、右肩は下垂し、右肩関節の外転運動は85°でした。

自宅近くの整形外科・開業医に転院、リハビリ治療を続けた結果、受傷6カ月目で、脱臼部の圧痛の緩和、外転の可動域が120°まで改善したので症状固定を選択、右鎖骨近位端の変形と痛みで12級5号、右肩関節の機能障害で12級6号、併合11級が認定されました。

胸鎖関節脱臼における後遺障害のキモ？

1）肩関節の可動域
受傷2カ月目の外転運動は85°、2分の1以下で10級10号に相当するものでした。
しかし、4カ月間のリハビリ治療で、外転120°まで改善したのです。
これ以上、リハビリを続ければ、180°はあり得ないとしても、135°以上は確実です。
135°以上なら、機能障害は非該当になることから、絶妙なタイミングで症状固定を選択したのです。
関節の機能障害では、プロの目利きが発揮されます。

2）肩関節から最も離れた部分の脱臼で、どうして肩関節に機能障害を残すのか？
相談当初から、このことに疑問を感じていました。
そこで、右鎖骨全体のCTを実施、3Dで右鎖骨の走行に変化が生じていることを立証したのです。
鎖骨の走行に変化が生じていれば、肩関節に機能障害をきたしても不思議ではありません。
ここが立証の決め手であったと自負するところです。

肩関節は、上腕骨頭が肩甲関節に、遠慮がちに寄り添う構造です。
肩甲骨は、鎖骨にぶら下がっている形状で、胸郭＝肋骨の一部に乗っかっています。
つまり、肩鎖関節と胸鎖関節、肩甲骨の胸郭付着部は3本の脚立の脚となっているのです。
胸鎖関節の脱臼により脚立の脚が1本ぐらついたのです。
それを理由として、胸鎖関節から最も遠い位置の肩関節に機能障害が発生したのです。
この理屈をご理解ください。

3）右鎖骨近位端の変形

胸鎖関節脱臼で鎖骨が突出するのは、○印の部分です。

受傷4カ月目では、突出もあまり目立たなくなっていました。
圧痛も、以前よりは改善に向かっているとの報告です。
被害者はライダーにしては、やや太り気味の体格で、デブが変形を目立たなくしているのです。
そこで、私は炭水化物の摂取を向こう2カ月間中止とするダイエットを指示しました。
「デブで12級5号を失うのか、ダイエットで確実に取り込むのか？」そのように迫ったのです。

まじめな被害者はダイエットに専念、体重を2カ月で10kg落としました。
痩せることで、胸鎖関節部の突出は浮き上がってきたのです。
併合11級の認定で、私が担当し、この被害者は2000万円の損害賠償金を手にしました。

6　肩腱板断裂

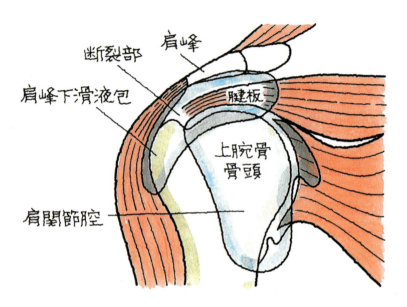

肩関節は骨同士が軟骨で接する関節面が小さく、腱板と呼ばれるベルトのような組織が、上腕骨頭の大部分を覆うようにカバーしています。
腕を持ち上げるバンザイでは、腱板は肩峰、肩甲骨の最外側や靭帯からなるアーチの下に潜り込む仕組みとなっています。
アーチと腱板の間には、肩峰下滑液包＝SABがあり、クッションの役目を果たしています。

肩腱板は、肩関節のすぐ外側を囲む、棘上筋、棘下筋、小円筋、肩甲下筋の4つの筋肉で構成されていますが、交通事故では、手をついて転倒した衝撃で肩を捻ることが多く、圧倒的に棘上筋腱の損傷もしくは断裂です。
棘上筋腱は上腕骨頭部に付着しているのですが、付着部の周辺がウイークポイントで、損傷および断裂の好発部位です。

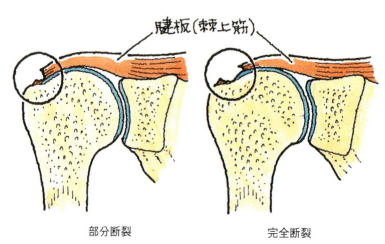

腱板の断裂では、激烈な痛みと腫れの症状が出現します。
肩を他人に動かされたときに、特有な痛みが生じます。
腕を伸ばし、気をつけの姿勢で、ゆっくり横に腕を上げていくと肩より30°程度上げたところで痛みが消失します。完全断裂では、自分で腕を上げることはできず、他人の力でも、疼痛のため肩の高さ以上に挙げることはできません。

医師は、肩が挙上できるかどうか、肩関節に拘縮があるかどうか、肩を挙上したときに肩峰下に軋轢音があるかどうかをチェックし、棘下筋萎縮や軋轢音があれば腱板断裂と診断しています。
XPでは、肩峰と上腕骨頭の裂陵が狭くなり、MRIでは骨頭の上方に位置する腱板部に白く映る高信号域が認められます。

断裂があるときは、肩関節造影を行うと、肩関節から断裂による造影剤の漏れが認められます。
エコーやMRIにおいても断裂部を確認することができます。

腱板は年齢とともに変性するのですが、肩峰と上腕骨頭の間に存在し、常に圧迫を受けています。

肩腱板断裂における後遺障害のキモ？

1）肩腱板の部分損傷は、若年者であれば、大多数はリハビリ治療で治癒します。
事故直後は、痛みが強く、肩の可動域は大きく制限されますが、疼痛管理で炎症を押さえ、さらにリハビリで肩の動く範囲を取り戻していくことが大切となります。

2）肩腱板の広範囲断裂で、どの姿勢でも痛みが強く、夜間痛で眠れない、腕の運動痛が堪えがたいときは、若年者に対しては、腱板修復術が適用されます。
ところが、中年以上では、肩関節の拘縮が懸念されるところから安静下で2週間程度の外固定が実施されるのが一般的です。

3）肩腱板断裂は、MRIもしくはエコー検査で立証しなければなりません。
医師が、XP検査で肩峰と上腕骨頭の裂陵が狭小化していることを指摘しても、損保料率算出機構調査事務所では、腱板損傷や断裂を立証したと判断してくれません。

4）症状固定時期は、受傷から6カ月を経過した時点です。
ダラダラと治療を続けると、4分の3＋○°で等級は非該当となり、この点、要注意です。

後遺障害等級は、被害者が中年以上であれば、肩関節の機能障害で12級6号が大半です。
10級10号は、滅多に発生しませんが、腱板の広範囲断裂、肩関節の脱臼、鎖骨の遠位端粉砕骨折等を合併しているときは、この限りではありません。

私の経験では、外転運動が60°以下に制限、他動値では正常値の180°ですが、自力でその位置を保持することはできず、医師が手を離すと腕は下降、断裂部に疼痛が発生していました。
この状況をdrop arm signと呼ぶのですが、この被害者は、上肢の3大関節中の1関節の用を廃したも

のとして8級6号の後遺障害等級が認められました。

5) 無料相談会では、MRI画像を分析、被害者の肩関節を動かして、認定等級を判断しています。
MRI画像を持参して、相談会に参加してください。

7　腱板疎部損傷

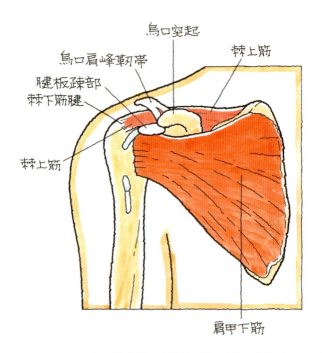

腱板疎部、ローテータ・インターバルは、棘上筋と肩甲下筋の間に存在するすきまであり、関節包が存在していますが、腱板が自由に収縮・伸展・回転するための遊びの部分であり、棘上筋と肩甲下筋のつなぎ目に位置していて、転倒時の打撲などで、捻挫や軟部組織の損傷を受けやすい部位です。

腱板疎部損傷の症状は、若年層の不安定型と、35歳以上の拘縮型の2種類です。
①不安定型は若年層、平均23歳に多発し、主たる症状は損傷部である腱板疎部の著明な圧痛で、外転、外旋位で運動痛が増強します。
その他には、肩のだるさや肩から上肢にかけてのしびれ感など肩の不安定性に起因する訴えが多く、他覚的には肩関節の下方への緩みが認められます。
XPでは、挙上位で、肩関節のスベリが見られます。

②拘縮型は、年齢層が比較的高く、平均35歳以上であり、肩関節の拘縮＝挙上、外旋の可動域制限と運動での疼痛が主な症状となっています。

腱板疎部の損傷は、腱板周囲の組織つまり肩甲下筋や棘上筋の不均衡や烏口上腕靭帯を含めた関節包や関節上靭帯や滑液包炎あるいは上腕長頭筋などに影響を与え、腱板の血行障害、加齢による変化、関節包内圧の変化などが加わると、不安定肩や50肩に代表される凍結肩に発展するのです。

治療は、肩甲骨の動きを改善する、後方の関節包のストレッチを行い、前後の緩みのバランスをとるこ

とで症状は改善するのですが、保存的治療を十分に行っても肩関節機能の改善が得られないときは、腱板疎部縫縮術が行われ、改善を得ています。

しかし、拘縮型で3カ月以上、放置され続けたものでは、オペで改善が得られることは期待できません。

腱板疎部損傷における後遺障害のキモ？

1）腱板疎部損傷では、これまで、全件が非該当になっています。
最近の2例は、腱板疎部損傷をMRIで立証していましたが、それでも非該当です。
おそらく、この傷病名を理解できない調査事務所・顧問医が五十肩と混同したものと予想しています。
訴訟提起で等級獲得を目論んだのですが、被害者側の事情により、断念しています。

2）信頼できる治療先
名称　信原病院
所在地　〒679-4017 兵庫県たつの市揖西町土師720
TEL　0791-66-0981
医師　信原　克哉　院長

腱板疎部損傷など、肩関節疾患の権威であり、肩甲下滑液包が閉じた状態で、関節内圧を調整できないときに、腱板疎部の部分に痛みの症状が出現するというのは、信原院長が提唱された疾患概念として有名です。併設のバイオニクス研究所では、スポーツメディカルに長じており、イチローや、あの清原さんも過去に受診しています。

信原病院は、3DMRIの設備を有しています。

信原院長の肩関節周囲炎の分類と割合
①烏口突起炎（5％）
②上腕二頭筋腱炎（12％）
③肩峰下滑液包炎（2％）
④変性性腱板炎（外傷性腱板炎・腱板不全断裂）（41％）
⑤石灰沈着性腱板炎（4％）
⑥臼蓋上腕靱帯障害（不安定肩関節症）（3％）
⑦いわゆる五十肩（疼痛性関節制動症）（25％）
⑧**肩関節拘縮（外傷後など）（8％）**
となっています。

3）8％が外傷による腱板疎部損傷で、肩関節拘縮をきたしています。
腱板疎部損傷が確認できるMRIと信原病院の診断書があれば、勝訴は確実です。

8　肩甲骨骨折

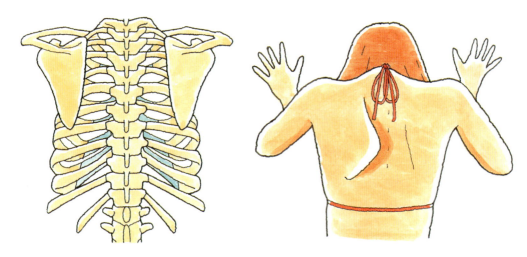

肩甲骨は、背中側の肩の部分についており、骨の中でも比較的薄い板状骨です。
他の骨とは、関節を形成しておらず、他のどの骨よりも自由に動かすことのできる骨です。
外力に弱い構造ですが、多くの筋肉群に囲まれて補強されています。

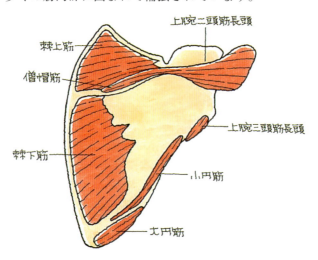

①肩の後方部分に、経験したことのない激痛が走る、
②肩の後方部分が青黒く変色している、
③肩・肘を全く動かすことができない、

この3拍子が揃ったら、肩甲骨は骨折しています。

肩甲骨の骨折は、肋骨が邪魔をしてXPで読み取りにくいのです。

● 肩・上腕の障害

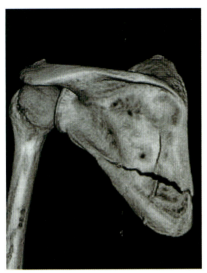

CT画像

交通事故では、地面に肩から叩きつけられ、肩甲骨に直接的な打撃を受けて、骨折しています。
多くは、肩甲骨体部の横骨折か、縦骨折ですが、直接に打撃を受けたときは、鎖骨骨折、肋骨骨折、肩鎖靭帯の脱臼骨折を合併することが多いのです。

最近の経験では、自転車で多摩川の土手をツーリング中に、大型犬に飛びかかられ、左肩から土手下に落下、左肩鎖関節脱臼骨折、肩甲骨と肋骨を2本骨折した例があります。
左肩関節の機能障害で10級10号、肩甲骨の変形で12級5号、併合9級が認定されました。

肩甲骨骨折で手術をすることは少なく、三角巾、ストッキネット、装具等で3週間程度の肩を固定する、保存的治療が選択されています。
その後は、振り子運動などの軽いリハビリ、温熱療法＝ホットパックの理学療法が実施され、肩甲骨単独の骨折であれば、後遺障害を残すこともなく、多目に見ても、3カ月程度の治療期間です。

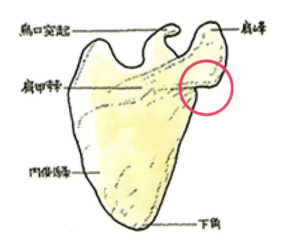

関節窩頚部骨折○で鎖骨骨折を合併すると、不安定性が生じるので鎖骨の内固定が行われます。
関節窩関節面骨折で骨片が大きいときは反復性脱臼を予防するために、烏口突起骨折で肩鎖関節脱臼を合併したとき、肩峰骨折で肩峰が下方に転位したときと肩峰棘骨折の基部より外側の骨折ではオペが選択されています。

肩甲骨骨折における後遺障害のキモ？

1）肩甲骨の体部単独骨折、つまり関節外骨折では、大多数が保存的治療であり、長くても3カ月程度の治療で、後遺障害を残すことなく、改善が得られています。
しかし、過去には、肩甲骨の横骨折で、骨折部に軋轢音が認められ、骨折部の圧痛と肩関節の運動制限で12級6号が認められた例があります。
やはり、予断は禁物で、骨折部の3DCTをチェックし、丹念に精査をしなければなりません。

2）直近の例、30歳男性、傷病名は、右肩甲骨体部横骨折、右肋骨骨折、右鎖骨遠位端骨折です。
右鎖骨遠位端骨折は、AOプレートで固定され、変形を残していません。
しかし、この被害者の右肩関節は拘縮をきたしており2分の1以下の可動域制限です。
リハビリ開始が遅れたことにより、筋力低下が進み、右肩関節の挙上運動に制限が生じたのです。

骨折部の3DCTでは、良好な骨癒合が得られており、大きな変形は認められません。
被害者請求の結果、10級10号ではなく、1ランク下の12級6号が認定されました。
リハビリ開始の遅れによる、右肩関節の拘縮は、被害者の責に帰すべき事由と判断されたのです。

もう1例、43歳男性ですが、普通乗用車の助手席に同乗中の事故で、右折中に、対向直進車の衝突を受け、傷病名は、左第2～6肋骨骨折、左肺挫傷、左鎖骨遠位端骨折、左肩甲骨骨折、左第3～6肋骨骨折で、フレイルチェストとなっていました。

治療は、集中治療室、ICUにて、気管挿管で陽圧人口呼吸管理が続けられました。
左肺全体に肺挫傷をきたしており、主治医も酸素化が維持できるかを懸念していたのですが、2週間で抜管できるまでに回復、受傷から6カ月で症状固定、左鎖骨遠位端部の変形で12級5号、左肩関節の運動制限で10級10号、併合9級の認定となりました。
陽圧人口呼吸管理によるフレイルチェストの治療が優先されたことにより、左肩関節の可動域に2分の1以上の運動制限を残したもので、これは救命の観点から、やむを得ないと判断されたのです。

このあたり、爺さん会は、実に緻密に精査しています。
リハビリをサボって関節拘縮をきたしたときは、認定等級は薄められるのです。
機能障害を角度だけで判断してはなりません。

3）経験則では、鎖骨の遠位端骨折、肩鎖靭帯の脱臼骨折、肋骨骨折に合併して肩甲骨を骨折することが圧倒的ですから、肩甲骨骨折にこだわることなく、肩関節全体に視野を広げて、後遺障害の検証を進めていかなければなりません。

9　SLAP損傷＝上方肩関節唇損傷

SLAP損傷＝上方肩関節唇損傷は、肩関節を構成する肩甲骨に付着する軟骨の関節唇が、交通事故外傷で断裂した状態のことです。

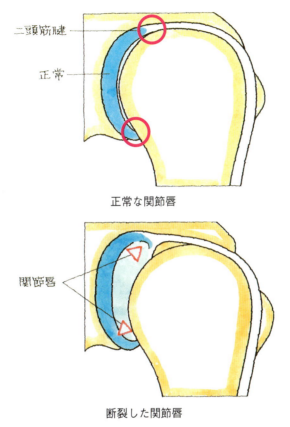

正常な関節唇

断裂した関節唇

○印の部分が関節唇で、三角形の形をした軟骨が上下に1つずつあります。

肩関節を構成する肩甲骨に付着する軟骨を関節唇と呼んでいます。
上腕骨と肩甲骨の間に存在し、肩関節の安定、関節の可動性、滑り止めの機能を有しています。

無料相談会に参加された被害者、32歳男性は、2014年3月、バイクを運転中に自動車と接触、転倒して、左肩を路面に打ちつけました。
傷病名は、左肩腱板損傷、SLAP損傷と記載されています。
6カ月を経過した時点の症状は、左肩痛、左肩関節の可動域制限でした。
持参されたMRIのCDで、左棘上筋の部分断裂と左上方肩関節唇の断裂が確認できました。
肩関節の可動域は、屈曲が150°、外転が130°、内転0°でした。
左肩の痛みは、一時よりは軽減しているとのことであったので、症状固定、後遺障害診断、被害者請求とすることをアドバイス、チーム110が治療先をサポートすることになりました。

相談会から3カ月後に12級6号が認定され、その後は弁護士が交渉して訴訟基準を実現したのです。

SLAP損傷における後遺障害のキモ？

1）MRIで断裂して剥がれかかっている関節唇＝軟骨が、保存療法で治癒することはありません。

時間の経過で、痛みも少なくなり、可動域も一定程度は改善しますが、元通りはありません。
被害者の治療先は、どこにでもある整形外科で、内視鏡下関節唇修復術の技術はありません。
そこで、症状固定を優先、先に等級を確定させてから、治療を検討することになったのです。

2）示談解決後、被害者は、チーム110が紹介した治療先で、内視鏡下関節唇修復術を受けました。
断裂して剥がれかかった関節唇は、内視鏡下で縫合され、オペに要した時間は2時間未満です。
入院4日で退院、職場に復帰し、リハビリ通院は、20回で完了、元の可動域まで戻りました。

元の治療先が、内視鏡下関節唇修復術の技術を有しているのであれば、もっと早い段階で、このオペが実施されています。
であれば、後遺障害は棘上筋損傷の痛みで、14級9号にとどまると予想します。
しかし、内視鏡下関節唇修復術は、専門医の領域で、どちらの整形外科でも？　それはありません。

すでに6カ月を経過しており、今から専門医のところでオペを受ける？
内視鏡下関節唇修復術を熟知していない保険屋さんは、露骨に嫌がるはずです。
したがって、先に後遺障害の確定、損害賠償の実現をしてオペを受ける合理性を選択したのです。

ところが、医師、弁護士、被害者に、この発想はないのです。
医師と被害者は、できることなら治そうと考えます。
弁護士も、治療を終えてから、後遺障害の申請を想定していますから、先に後遺障害、その後に治療で治すなど、そんなイレギュラーな発想は、持ち合わせていません。

被害者の皆様には、この合理性の理解をお願いしたいところです。

10　肩関節脱臼（かたかんせつだっきゅう）

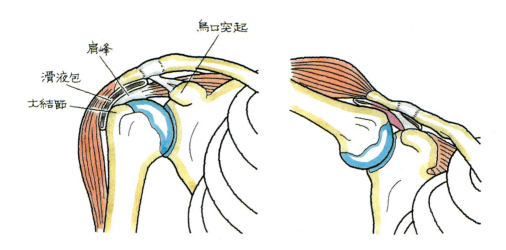

肩関節は、肩甲骨の浅いソケットに、上腕骨がぶら下がっている頼りなげなもので、関節部には、骨の連結がなく、大きな可動域を有しているのですが、そのことで脱臼しやすい構造となっています。

バイクや自転車を運転中の衝突等で、転倒した際に体を支えようとした腕が、横後ろや上方に無理に動

かされたときに、上腕骨頭が不安定となり、関節面を滑って脱臼となります。
また、転倒した際に、肩の外側を強く打ったとき、腕を横後ろに持っていかれたときなどにも生じます。
脱臼の多く、90％以上は、上腕骨頭が身体の前面に移動する前方脱臼です。

前方脱臼以外にも、転倒した際に、体の前方に腕を突っ張ったとき、肩の前方を強く打撲したときに生じる後方脱臼、上腕を横方向から上に無理に動かされたときに生じる下方脱臼があります。

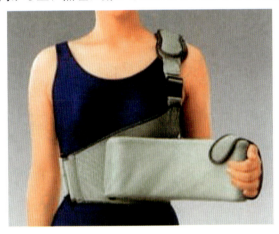

治療では、観血術の選択は少なく、上記の外旋位固定が3週間続けられます。

肩関節脱臼における後遺障害のキモ？

1）この傷病名を確認すると、アスリートでなければ、肩関節の機能障害で12級6号を連想します。
もちろん、ダラダラ通院して症状固定時期を遅らせると、多くは非該当、もしくは肩関節の運動痛で、なんとか滑り込み14級9号となり、泣いても泣ききれない示談解決となります。

なんとしても、6カ月での経過で症状固定を選択しなければなりません。

2）合併症に注意
肩関節脱臼となると、若年者では、関節包が肩甲骨側から剥がれ、または破れ、中年以降では、腱板＝関節を包む筋肉が上腕骨頭に付いている部位で断裂することがあります。

脱臼に伴い、肩・腕・手に行く上腕神経叢が損傷することもあり、中年以降では高率です。
また、上腕骨頭の外側や前方にある骨の突起＝大結節や小結節の骨折をしばしば伴います。

少ない症例ですが、後方脱臼は、専門医以外では、60％程度が見逃されると言われています。
したがって、最初の治療先で肩の痛みの原因に対する十分な説明がされず、痛みが持続するときは、見切り千両で、専門医を受診しなければなりません。
合併症を伴うときは、12級6号の限りではなく、10級10号も予想されます。

一度外れても簡単にもどる亜脱臼や数分間腕全体がしびれたようになるデッドアーム症候もありますが、本質的には脱臼と同じ損傷ですが、後遺障害を残しません。

3）立証

骨と腱板や関節唇の軟部組織における器質的損傷を立証するには、CTとMRI撮影が欠かせません。
CTでは、関節の安定性を重視する必要から、バンカート部位＝肩甲骨関節窩下縁前方、ヒル・サックス部位＝上腕骨骨頭後外上部の撮影をお願いしています。
損保料率機構調査事務所が、サクサク12級6号を認定してくれることは考えられないからです。

11　反復性肩関節脱臼

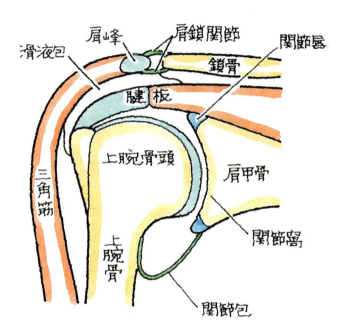

肩関節は、肩甲骨の浅いソケットに、上腕骨がぶら下がっている頼りなげなもので、関節部には、骨の連結がなく、大きな可動域を有しているのですが、そのことで脱臼しやすい構造となっています。

10代20代の若年者の外傷性肩関節脱臼では、反復性を予想しておかなければなりません。
脱臼は、ほとんどが徒手的に整復されますが、若年者では、これを繰り返す、つまり反復性に移行する確率が高いことが注目されています。

肩関節は、肩甲骨面に吸盤の役割をしている2つの関節唇という軟骨に、靭帯と関節の袋である関節包が付着し、これが上腕骨頭を覆うことによって安定化しています。
脱臼時に関節唇が肩甲骨面から剥離し、これが治癒しないと、再び脱臼するような力が加わると脱臼を繰り返すことになるのです。
極端な例では、背伸びの運動でも肩関節が外れるのです。

反復性肩関節脱臼における後遺障害のキモ？

関節鏡術が先か、症状固定を先行すべきか？
反復性肩関節脱臼が認められるとき、損保料率算出機構調査事務所は、12級6号を認定しています。
したがって、私は症状固定を先行すべきと考えています。

近年、整形外科の肩関節外来では、関節鏡術がめざましく発展しており、反復性肩関節脱臼に対しては、モニターを見ながら関節内を十分に観察、剥がれた関節唇を肩甲骨面の元の位置に縫い付けることで、安定した成績を積み上げています。

鏡視下手術は、3カ所について5〜7mmの切開であり、傷跡もほとんど残りません。
術後の入院も、2、3泊で、術後感染のリスクも、ほとんどありません。
であれば、症状固定を選択、後遺障害等級を確定、弁護士による損害賠償交渉が完了してから、健康保険適用で治癒をめざすことになります。

逆のパターンでは、後遺障害は全否定され、悔やんでも悔やみきれない結果を残すことになります。

12 肩関節周囲炎（かたかんせつしゅういえん）

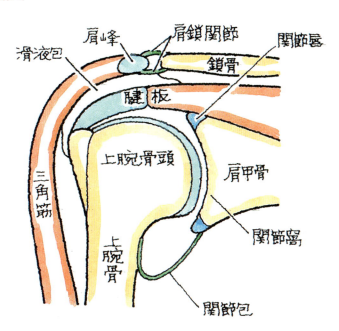

治療先発行の診断書に、肩関節周囲炎と記載されていれば、「あなたが訴える肩の痛みは、いわゆる五十肩ですよ？」このような烙印が押されたことになります。
これでは、なんと訴えても、肩の痛みや可動域制限で後遺障害が認定されることはありません。
なんで、どうして？　五十肩の痛みは、いずれ治癒するからです。

肩関節周囲炎、いわゆる五十肩は、50代を中心とした中年以降に、肩関節周囲組織の年齢性変化を基盤として明らかな原因なしに発症するもので、肩関節の痛みと運動障害を認める症候群と定義されており、私も63歳で、ほぼ1年間、これで苦しみました。

肩関節は上腕骨、肩甲骨、鎖骨の3つの骨で支えられており、肩を大きく動かす必要から、肩甲骨関節窩が小さく、上腕骨頭のはまりが浅い構造となっています。

構造的に不安定なところを関節包や発達した腱板などで強度を高めているのですが、そのためか、肩の酷使によって炎症や損傷が起こりやすく、痛み、可動域の制限が起こると考えられています。

肩関節の炎症は、肩峰下の滑液包や関節周囲の筋肉に広がることがあり、このような肩関節周囲炎を狭義の五十肩と呼んでいるのです。

肩関節周囲炎における後遺障害のキモ？

「確かに私は50代ですが、事故以前には肩の痛みを感じることはなかった？」
「それなのに五十肩で片付けられるのは納得がいかない？」

こんな気持ちなら、即、行動すべきです。
スポーツ外来、肩関節外来を設置している医大系の整形外科をネット検索し、受診するのです。
MRIやエコー検査が実施され、専門医が肩の器質的損傷、つまり、腱板損傷、関節唇損傷や肩関節の後方脱臼を診断すれば、先の不満はたちどころに解消されたことになります。

堂々と後遺障害を申請することになります。
まじめな検査と診察が行われたのに原因不明のときは、五十肩でキッパリとあきらめることです。

中国の思想家、王陽明は、「知行合一」を唱えています。
知ることと、行うことは、実は同じことで、行動や実践を通じて身につくのが本当の知識であり、逆に、頭の中にあっても、それが仕事や生活で役立たないのであれば、本当に知っていることにはならないと諭しているのです。
交通事故の被害者となったときは、知行合一でありたいものです。

13　変形性肩関節症

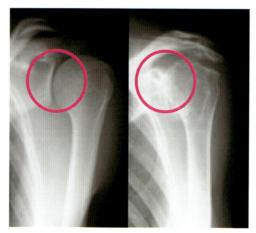

正常　　　　変形性肩関節症

XP上、正常な肩関節には軟骨が存在するためのすきまがありますが、変形性肩関節症に至ると、すきまが消失しており、骨と骨がぶつかって白く変化し、周囲に骨棘という棘状の出っ張りが出現します。

肩関節を形成する上腕骨と肩甲骨の表面は軟骨で覆われ、クッションの役割を果たしています。
この軟骨が、すり減ってくると、肩を動かすことで関節に負荷がかかり、炎症や骨変形をきたします。

外傷後の二次的障害ですが、これを、変形性肩関節症と呼んでいるのです。

交通事故における変形性肩関節症では、3つの原因が想定されます。

①外傷後の関節面の不適合
関節内骨折であって、整復が不十分で元の位置に戻っておらず、ズレを残しての症状固定では、将来的に、関節面の不適合をきたし、一部の関節軟骨面に圧力がかかることになります。
これを原因として、関節軟骨損傷に発展すると、変形性関節症となるのです。

②外傷による軟骨損傷
交通事故による転落や正面衝突など、非常に大きな外力を肩関節面に受けると、関節軟骨を損傷することが予想されます。
軟骨細胞を壊すのに必要な圧力は骨折を起こすのに必要な力よりもずっと少ないと考えられているのですが、骨折手前で、MRIのみで確認できる骨挫傷でも、複数例の軟骨損傷を経験しています。
関節軟骨の細胞＝硝子軟骨は、血流に乏しく、損傷を受けると、修復、再生されることはありません。
肩関節の脱臼では、変形性肩関節症の発症率が有意に高くなると報告されています。

③大きな腱板断裂が放置されると、腱板による上腕骨頭の抑えが効かなくなり、上腕骨頭が上に転位することで、肩を動かすと上腕骨頭は肩峰と衝突し、擦れ合うことになります。
この繰り返しにより、肩関節に変形が進行していくことがあります。

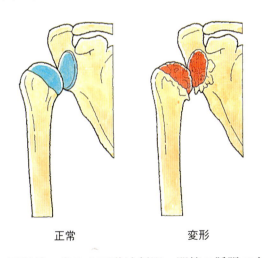

正常　　　変形

変形性肩関節症の症状は、肩関節の痛みや可動域制限、関節の腫脹です。
XPでは、上腕骨頭や肩甲骨関節窩の変形、関節裂隙の狭小化が認められます。
肩を動かしたときの痛み、可動域制限で服の着替え、洗濯物干しなど、高いところに手を挙げる動作が困難となります。関節軟骨がすり減り、肩を動かすとクリック音がするときもあります。

治療は、当初は、保存療法が選択されています。
薬物療法として非ステロイド系抗炎症剤などが処方され、消炎鎮痛剤を含み除痛効果を有する湿布剤が使用されています。
激痛や夜間痛に対しては、ヒアルロン酸ナトリウムやステロイドの関節内注射が行われています。

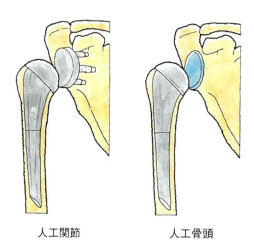

人工関節　　　　人工骨頭

保存療法で疼痛や可動域制限が改善されず、日常生活に大きな支障をきたすときには、オペが選択されています。
オペでは、多くの症例で人工関節手術が行われますが、患者さんの骨や筋肉の状態に応じて人工骨頭置換術、人工肩関節置換術などが選択されています。

変形性肩関節症における後遺障害のキモ？

1）交通事故外傷では、
①外傷後、肩関節面の整復が不十分で変形治癒となったもの、
②衝撃により、肩軟骨損傷をきたしたもの、
③大きな腱板断裂が放置されたもの、
これらを原因として、変形性肩関節症に発展しています。

交通事故では、高エネルギーにより、肩関節に挫滅的な損傷をきたすことがあります。
上腕骨頭、肩甲骨関節窩の挫滅・粉砕骨折で、人工肩関節を置換することもできず、肩関節の用廃で、8級6号が認定された経験もしています。

2）症状固定で、変形性肩関節症が認められるときは、XP、CT、MRIで変形のレベルを立証します。
後遺障害の対象は、肩関節の可動域制限と疼痛です。
人工骨頭、人工関節に置換されたものは、10級10号が認定されています。

3）肩関節の機能障害で12級6号が認定、将来、人工関節に置換する可能性が予想されるときは、
「今後甲に、本件事故が起因する変形性肩関節症により、人工関節置換術が行われた際は、甲乙間において別途協議を行うものとする。」この条項を加えなければなりません。

さらに、後遺障害診断書の写し、示談書、受傷時のXP、その後に撮影されたCT、MRI画像の収録されたCDについても、厳重に保管しておかなければなりません。

今後も、保険屋さんの合従連衡が続くと予想され、今回対応してくれた保険屋さんが、そのまま残っているか？　見通しがつきません。
それらを考慮に入れるのであれば、弁護士による示談締結が好ましいと考えるところです。

●肩・上腕の障害

4）肩関節の接触面積は、他の関節に比べ小さいのですが、大きな関節唇と関節包があり、関節の適合性や強度を補強し、さらに、三角筋、大胸筋の筋肉に覆われ、靭帯、腱が発達しています。

肩関節は人体で最大の関節可動域を有しているのですが、一定の部位に外力、ストレスが加わりにくい構造となっており、肩関節の軟骨は他の関節より変性の発生頻度が少なく、軟骨変性が進んだとしても、症状が軽いことが多いのです。

二次性の変形性肩関節症は、交通事故では、腱板断裂、上腕骨近位端骨折などが誘因となって発症していますが、症例数はそれほど多くなく、目立つものではありません。

14 上腕骨近位端骨折（じょうわんこつきんいたんこっせつ）

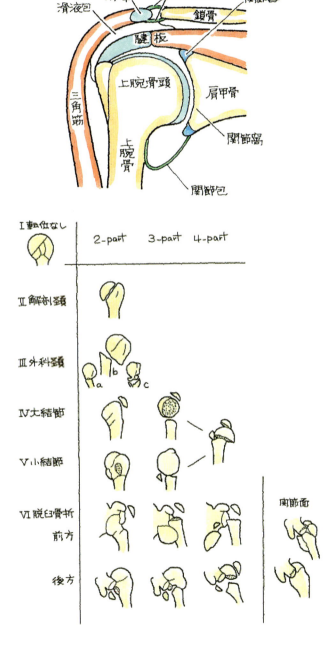

上腕とは、肩関節からぶら下がる二の腕のことで、上腕骨近位端とは、肩関節近くの部位です。
上腕骨近位端骨折は、骨折の部位と骨片の数で、重傷度や予後、治療法が決まります。
上記のイラストは、骨折の部位と骨片の数による分類を示しています。
臨床上、この骨折は、骨頭、大結節、小結節、骨幹部の4つに区分されています。

交通事故では、肩を地面に打ちつけることで発症しています。
高齢者では転倒などの軽い外力により、手をついただけで骨折に至ることが多く、上腕骨近位端骨折は、股関節部の大腿骨近位端骨折、手関節部の橈骨遠位端骨折、脊椎圧迫骨折と並び、高齢者に多い骨折の1つで、その背景には、骨粗しょう症の存在があります。

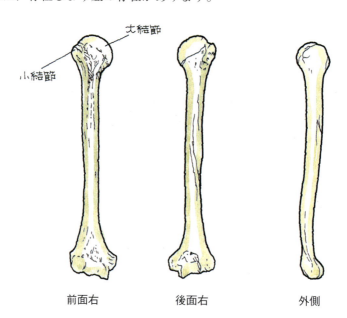

上腕骨の大結節、小結節は、上腕骨骨頭部で肩関節を構成している部分ですが、前面右の図で説明すると、上部左側の小さな盛り上がりが小結節、左上部の大きな盛り上がりが大結節です。

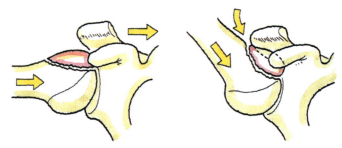

左は上腕骨が肩甲骨の関節窩に衝突、大結節が骨折したもの、
右は、大結節が肩峰に衝突、骨折したもの、

●肩・上腕の障害

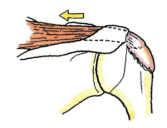
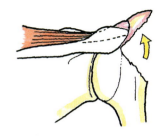

棘上筋の牽引により大結節が剥離骨折したもの

骨頭でズレのないときは、3週間の三角巾固定で十分です。
転位が認められるときは、X線透視下に徒手整復を実施、4週間のギプス固定を行います。
脱臼を整復すれば骨折も整復されることが多いのです。

大結節では、転位が軽度でも肩関節の炎症を起こしやすく、経皮的にKワイヤーやラッシュピンで固定するのが主流です。
小結節、骨幹部では、いずれも観血的整復固定術の適用です。
髄内釘やプレート固定が実施されます。
症状固定時期は、常識的には、高齢者であっても受傷から6カ月で決断します。
後遺障害は肩関節の機能障害で、12級6号、10級10号の選択となります。

小結節、骨幹部で転位の大きいものは、骨頭壊死を発症する可能性が高く、上腕骨頭が壊死すれば、人工骨頭置換術が行われます。
骨粗しょう症の進んだ高齢者では、高頻度に壊死が懸念されるのです。
最近、同部位を粉砕骨折した高齢者女性で、人工骨頭置換術を経験、10級10号が認定されました。

上腕骨近位端骨折における後遺障害のキモ？

1）上腕骨近位端骨折では、肩関節の機能障害、つまり可動域制限と骨折部の疼痛が後遺障害の対象となります。

部位	主要運動				参考運動		
肩関節	屈曲	外転	内転	合計	伸展	外旋	内旋
正常値	180°	180°	0°	360°	50°	60°	80°
8級6号	20°	20°	0°	40°			
10級10号	90°	90°	0°	180°	25°	30°	40°
12級6号	135°	135°	0°	270°	40°	45°	60°

認定される等級は、機能障害においては、8級6号、10級10号、12級6号から、痛みの神経症状では、12級13号、14級9号からの選択です。

2）では、高齢者なら、10級10号が期待できるのか？
それはありません。
上腕骨頭頚部骨折であっても、グレードの高い骨粗しょう症でない限り、骨癒合は良好に得られます。

固定後の、リハビリ治療が決め手であり、これをまじめに行えば、2分の1以下の可動域制限を残すことは、ほとんどありません。
しかし、正常値の180°まで改善することもありません。
症状固定時期の選択で12級6号を狙うのが現実的な選択です。
爺さん、婆さんであっても、ダラダラとリハビリ治療を繰り返さないことです。

3）それでは、若年者ではどうか？
転位＝ズレの認められない骨折では、治癒しますので後遺障害を残すことはありません。

大結節骨折で、Kワイヤーやラッシュピン、小結節の骨折で、経皮的に髄内釘やプレート固定が実施されたものは、CTの3D撮影で変形骨癒合が立証されていて、なお、症状固定時期を誤らなければ、12級6号、あるいは神経症状で14級9号が認定される可能性があります。

4）角度だけで等級が決まるのか？
HPの世界では、2分の1以下なら問題なく10級10号が認定されると解説するポンスケもおりますが、可動域制限では、その原因を緻密に立証しなければなりません。
ポイントは骨癒合であり、この点が、シッカリチェックされています。

損保料率機構調査事務所は、決してオバカではなく、角度だけの10級10号は、「そのような高度な可動域制限が発生するとは考えられない？」として、12級6号もしくは非該当で蹴飛ばしています。
ともあれ、10級10号の獲得は簡単でないと理解することです。

こんな勘違いを防止するには、早期に交通事故無料相談会に参加することです。
CDに収録されたCTやMRIを持参すれば、骨折の部位と形状、骨癒合を検証し、症状固定時期、予想される後遺障害等級と、立証の方法を丁寧にお教えしています。

15　上腕骨骨幹部骨折

上腕部、長管骨の中央部付近の骨折を骨幹部骨折と言います。
交通事故では、バイクの転倒で手や肘をついたとき、転落などで直接に上腕の中央部に外力が加わって発生しています。

このような直達外力で骨折したときは、横骨折が多く、外力が大きいと粉砕骨折になります。

手をついて倒れたときは、螺旋骨折や斜骨折となります。
肩や肘関節に遠く、一般的に関節の機能障害を伴わないことが大半ですが、上腕骨骨幹部骨折では、橈骨神経麻痺を合併することが高頻度であり、ここが、要注意です。

橈骨神経麻痺

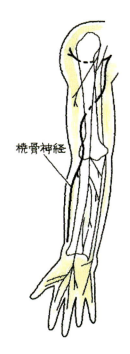

橈骨神経は上腕骨骨幹部を螺旋状に回っているので、骨片により圧迫を受けて、麻痺が発生しやすく、骨折部に腫れ、痛み、皮下出血、変形、圧痛、異常な動きが現れます。

骨折部の上下の筋肉の力で骨片はズレて短縮します。

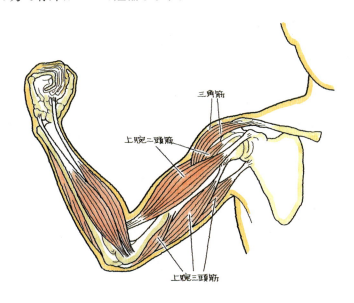

上腕で力こぶができるのは上腕二頭筋、その下側、裏側に位置するのが三頭筋です。
上腕の筋肉の3分の2は上腕三頭筋で構成されており、上腕二頭筋が、腕を曲げたり、モノを引き寄せるときに使う筋肉であるのに対して、上腕三頭筋は、腕を伸ばしたり、物を押すときに使う筋肉のことです。上腕三頭筋と上腕二頭筋の2つの筋肉は、片方が縮むと片方が伸びるように、常に対となって働

く筋肉です。

橈骨神経麻痺が起こると、下垂手（かすいしゅ）といって手首や指が伸ばせなくなります。
症状としては、手のひらは何ともないのに手の甲がしびれます。
特に、手の甲の親指・人差し指間が強烈にしびれるのです。
手首を反らす筋肉が正常に働かないので、手関節の背屈ができなくなり、親指と人差し指で物をうまくつまめなくなり、手は、下垂手＝drop hand変形をきたします。

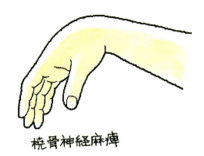

さらに、腕を回旋して手のひらを上へ向ける回外運動もできなくなります。
XP撮影で骨折の位置と骨折型を確認すれば診断は容易、同時に、神経麻痺の有無も調べます。

治療は、観血術によらない保存療法が原則です。
完全骨折で転位があるときは、およそ2週間、吊り下げギプス法といってギプスを骨折部のやや上から肘を90°にして手まで巻き、包帯を手首に付けて首から吊るします。

受傷直後は、患部の腫れもあり、痛みが強いので、ギプスによる固定が必要となります。
しかし、骨癒合が完成するまで、ギプス固定をしていれば、肩や、肘の関節が拘縮してしまうのです。
さらに、強固なギプス固定では、血行障害や、神経麻痺などを発症することから、やや緩くギプスを巻くことになり、緩みで、骨折部分が歪むことも予想されるのです。
これらのギプスの弱点を補う必要から、受傷2〜3週間後からは、ファンクショナルブレースという装具で固定を続けながら、治療していきます。

ファンクショナルブレースであれば、外からの圧力により、骨折部分の周囲を広く圧迫することで、圧力を高め、互いにかかる均一な圧力をもって、骨折部分をより安定させることができます。
骨折部以外のところは、動かすことができ、肩や、肘に拘縮が発生することはありません。

橈骨神経麻痺は、圧迫による一過性のもので、回復を期待できることが多いので、まず骨折を保存的に治療しつつ回復を待つことになります。
回復の状況は針筋電図や神経伝導速度などの検査を行って調べます。

なお、開放性の粉砕骨折に対しては、プレート固定、髄内固定のオペが実施されています。

橈骨神経麻痺について、もう少し掘り下げます。
恋人を腕枕にして眠り、夜中に腕がしびれて目が醒めることがあるそうです。
これが一過性の橈骨神経麻痺なのですが、覚えがありますか？
欧米では、この麻痺のことをSaturday night palsy、土曜の夜の麻痺と呼んでいるのです。

橈骨神経は頚椎から鎖骨の下を走行し、腋の下を通過して、上腕骨の外側をぐるりと回り、外側から前腕の筋肉、伸筋に通じています。
橈骨神経は手の甲の皮膚感覚を伝える神経なのです。

橈骨神経の障害が起こる部位は、3つ、腋の下、Saturday night palsyの原因となる上腕骨中央部、前腕部です。交通事故では、上腕骨骨幹部骨折、上腕骨顆上骨折、モンテジア骨折等で発症しており、上腕中央部の麻痺が多いのが特徴です。

症状としては、手のひらは何ともないのに手の甲がしびれます。
特に、手の甲の親指・人差し指間が強烈にしびれるのです。
手首を反らす筋肉が正常に働かないので、手関節の背屈ができなくなり、親指と人差し指で物をうまくつまめなくなり、手は、下垂手＝drop hand変形をきたします。

橈骨神経麻痺

橈骨神経の支配領域は、親指〜薬指の手の甲側なので、この部位の感覚を失います。

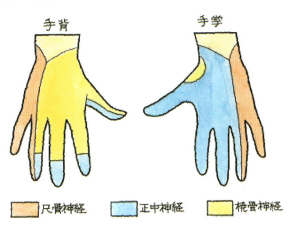

診断は、上記の症状による診断や、チネル徴候などのテストに加え、誘発筋電図も有効な検査です。
患部を打腱器で叩き、その先の手や足に電気が走ったような痛みを発症するかどうかの神経学的検査法をTinel徴候、チネルサインと呼んでいます。

治療ですが、圧迫による神経麻痺であれば自然に回復していきます。
手首や手指の関節の拘縮を防止する観点からリハビリでストレッチ運動を行います。
カックアップやトーマス型の装具の装用や低周波刺激、ビタミンB_{12}の投与が行われます。

カックアップ装具　　　　　　トーマス型装具

稀には、末梢神経が骨折部で完全に断裂していることがあります。
断裂では、知覚と運動は完全麻痺状態となり、観血術で神経を縫合することになります。
手術用の顕微鏡を使用し、細い神経索を縫合していくのですから、手の専門外来のある病院で手術を受けることになりますが、予後は不良です。

上腕骨骨幹部骨折における後遺障害のキモ？

1）粉砕骨折では、偽関節で8級8号を経験しています。
また、保存療法では、上腕骨の変形で12級8号も経験しています。
しかし、一般的な横骨折では、偽関節や肩、肘の機能障害は考えられません。
骨折の形状と骨癒合を検証しなければなりませんが、後遺障害を残す可能性は低い部位です。

2）橈骨神経の断裂による橈骨神経麻痺が認められるときは、神経縫合術よりも、症状固定として後遺障害を申請することを優先しなければなりません。
なぜなら、神経縫合術で完全治癒が期待されないからです。
完全な下垂手では、足部の腓骨神経麻痺と同じで、手関節の背屈と掌屈が不能となり、8級6号が認定されます。
完全な下垂手が、神経縫合術で不完全な下垂手に改善、10級10号となっても、日常生活の支障に大きな違いはなく、損害賠償金だけが薄められた結果を迎えます。
ここが最大のキモですが、橈骨神経の完全断裂は、極めて少なく、過剰に心配することもありません。

16 上腕骨遠位端骨折

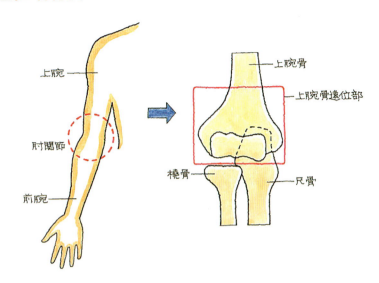

上腕骨の遠位端部は、前腕の尺骨と橈骨とで肘関節を形成しています。

(1) 上腕骨顆上骨折

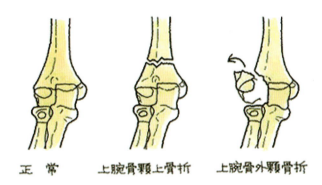

上腕骨遠位端骨折では、上腕骨顆上骨折・上腕骨外顆骨折の2種類があり、交通事故では、自転車やバイクの転倒時の打撃で多発しています。

肘関節の痛みや腫れ、可動域および運動の制限が主たる症状で、単純XP撮影で診断が可能ですが、亀裂骨折では発見できないこともあり、CT撮影が有用です。

徒手整復を行い、骨折部位をギプスで固定する方法と、骨折した方の腕を上から垂直牽引＝上から引っ張る、による保存的治療があります。

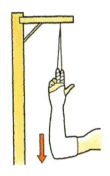

ギプスで固定する方法は、徒手整復時に血管や神経を痛めつける可能性が予想され、血流のうっ滞を防

止する意味からも、垂直牽引を行う治療先の方が圧倒的です。

上腕骨顆上骨折で、深刻な問題となる合併症および後遺障害は、フォルクマン拘縮です。
その他に、考えられる合併症は、正中神経麻痺・尺骨神経麻痺です。
先に説明の橈骨神経麻痺は、上腕骨顆上骨折では、ほとんど発生していません。
肘の骨折ですが、肘が内側に曲がったまま骨癒合するケースがあります。
肘関節の拘縮も多発しています。

（2）上腕骨外顆骨折（じょうわんこつがいかこっせつ）

肘関節の痛みや腫れ、可動域および運動の制限が主な症状で、単純XP撮影で診断が可能です。
外顆骨片には手指を伸ばす、手のひらを上に向ける回外筋が付着しており、受傷直後のX線写真では転位が見られないときでも、ギプス固定中に骨片の転位が進行することがあります。
転位が放置されたままでは、固定を続けても骨癒合は得られません。
成長につれて外反肘となり、運動制限と神経麻痺の原因になります。

したがって、上腕骨外顆骨折は、関節内の骨折につき、ほとんどのケースでオペが選択され、キルシュナー鋼線やスクリューなどを用いて内固定が実施されています。
受傷後6カ月で症状固定とすれば、肘関節の機能障害で12級6号は確実です。

※**外反肘（がいはんちゅう）**とは、腕を伸ばすと、肘が異常に外側に曲がる変形障害のこと。

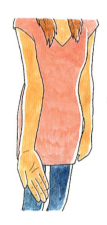

上腕骨遠位端骨折における後遺障害のキモ？

1）相談会では、持参のXP、CT画像をジックリと検証して、今後の方針を立てています。
骨折が肘関節におよんでいないものは、一安心で、その後の骨癒合状況と肘関節の可動域をフォローしつつ、症状固定時期を決定し、12級6号の獲得をめざします。

2）上腕骨顆上骨折は、小学校1、2年生の子どもに多発しています。
顆上骨折であれば、関節内骨折ではなく成長軟骨板にかかる骨折、つまり骨端離開でもありません。
フォルクマン拘縮を排除できれば、後遺障害を残すことなく治癒するのが一般的です。
多くは、子どもの飛び出しが原因であり、20：80、10：90、過失割合を巡って争いが生じています。

3）顆上骨折、外顆骨折でオペが実施されたときは、骨癒合状況をチェック、いつ症状固定とするかが、後遺障害のポイントになります。

しかし、被害者が、子どもさんでは、ほとんどが、後遺障害を残すことなく、改善が得られています。

17　フォルクマン拘縮

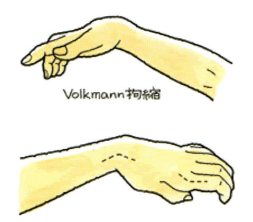

小学校1、2年生の上腕骨顆上骨折で、重大かつ深刻な合併症として発生しています。
骨折に伴う腫脹により、動脈の血流障害を生じ、前腕屈筋や正中神経・尺骨神経麻痺などをきたす病態で、見逃すと、筋肉の変性や神経麻痺が残り、大きな後遺障害を残します。

初期症状として有名な5つのPを注意深く観察しなければなりません。
①Pain（疼痛）
②Pallor（蒼白）
③Paresthesia（知覚障害）
④Paralysis（運動麻痺）
⑤Pulselessness（脈拍消失）

小児の上腕骨顆上骨折のオペ後、お子さんが骨折部のひどい痛みを訴え、手指が蒼白で、手首で脈がとれないときは、自宅に戻っていても、子どもを連れて治療先に急がなければなりません。
元の治療先が頼りなければ、近隣の医大系の総合病院に駆け込むのです。
動脈閉鎖後、6〜8時間で、フォルクマン拘縮が生じるので、この時間内に対処しないと、取り返しのつかないことになります。

治療先は、骨折の整復やギプスで圧迫などの阻血の要因を除去します。
これでも、改善が得られないときは、緊急的に筋膜切開を行い、内圧を減少させます。

フォルクマン拘縮における後遺障害のキモ？

1）早期発見と壊死の防止が、正にキモとなります。

２）フォルクマン拘縮では、最終的には、筋肉がカチカチに拘縮、正中神経麻痺・尺骨神経麻痺を発症、手は麻痺に特有の変形を示します。

立証は、神経伝達速度検査もしくは針筋電図検査で行います。

後遺障害は、１上肢の２関節の用廃で６級６号が、手指の用廃で７級７号が認定、等級は併合されるのですが、１上肢を手関節以上で亡失したものにはおよばず、併合６級の認定となります。

３）フォルクマン拘縮が進み、筋肉の壊死に至ると、基本的に、治療法はありません。

陳旧性では、カチカチに線維化した筋肉を切除、再建手術が実施されていますが、予後は不良で、回復は望むべくもありません。

あくまでも、発生予防を心掛けることとなり、初期症状が出現すれば、即座に、治療先に駆け込まなければなりません。

●肘・前腕の障害

18 テニス肘　上腕骨外側上顆炎（がいそくじょうかえん）、上腕骨内側上顆炎（ないそくじょうかえん）

無料相談会に参加された被害者、53歳女性の診断書に、左テニス肘と記載されていました。
しかし、テニスの経験はなく、ラケットなど握ったこともないとの申告です。
受傷から3カ月の経過ですが、受傷直後から一貫して左肘外側部に疼痛があり、今も、雑巾を絞る、ドアノブを回す、ペットボトルのキャップを回すことが、疼痛の増強でできないとの訴えがなされました。

持参されたMRIで、上腕骨外顆部に骨挫傷が認められました。
県庁職員で、パソコン操作が中心の仕事です。

私は、上腕骨外顆部に、骨折の一歩手前、骨挫傷となる強い衝撃、打撃を受けており、日常的かつ長時間のパソコン操作で、手指を酷使しており、事故受傷をきっかけに、左上腕骨外側部に付着している筋肉に微小な断裂や損傷をきたしたものではないか？　そんな仮説を立てました。
であれば傷病名は、左上腕骨外側部骨挫傷、左上腕外側上顆炎となります。

当面の課題として、パソコンを使い過ぎないこと、適度な休養と仕事の合間に手関節を曲げるストレッチと治療先でエルボーバンドを手に入れ、装着されてはと提案しました。

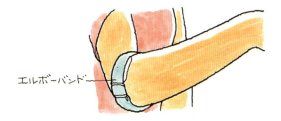

それらの治療を3カ月続け、左肘部の疼痛は改善し、日常生活に支障を感じることはなくなりました。
7カ月目に症状固定、外傷性頚部症候群による神経根症状で14級9号を獲得しました。

やはり、顔の見える交通事故無料相談会がすべてです。
私としても、多くの被害者と面談し、多くの症状、傷病名を経験することで、力量を上げています。

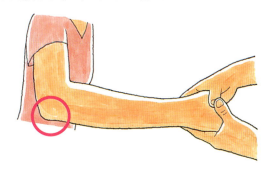

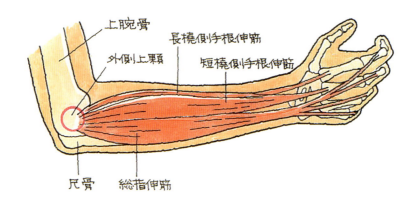

本来のテニス肘には、バックハンドストロークで肘の外側を傷める外側上顆炎と、フォアハンドストロークで肘の内側を傷める内側上顆炎の2種類があります。
いずれも、ボールがラケットに当たる衝撃が、手首を動かす筋肉の肘付着部に繰り返し加わることによって、微小断裂や損傷をきたし、炎症を発生するものです。

前者では手首を背屈する筋肉がついている上腕骨外側上顆、肘の外側のでっぱりに、後者では手首を掌屈する筋肉の付着部、上腕骨内側上顆に発生するため、それぞれ上腕骨外側上顆炎、上腕骨内側上顆炎とも言われます。

テニス以外でも、包丁を握る調理師や手首を酷使する仕事で発症しています。
タイピストは死語となりましたが、長時間のPC操作の繰り返しによっても、テニス肘は発症しています。
手首と肘の力を、繰り返し酷使することで、筋や腱の変性や骨膜の炎症が引き起こされるのです。
当然ながら、変性は、加齢によっても起こります。

症状は、手首を曲げる、回内・外の動作で、肘に痛みが走ります。
そして、雑巾を絞る、ドアノブを回す、ペットボトルのキャップを回すことが痛みで、できなくなります。

抵抗を加えた状態で手首を背屈させるトムセンテスト、
肘と手指を伸ばし、中指を押さえる中指伸展テスト、
肘を伸ばし、椅子を持ち上げるチェアーテスト
これらの検査で、上腕骨外側・内側上顆部に痛みが誘発されます。
炎症所見は、MRI、エコー検査で確認することができます。

治療は、大多数が保存療法です。
局所を安静下におき、消炎鎮痛薬の内服や外用、その後は、前腕や手関節を曲げるストレッチ、温熱、低周波、レーザー光線などのリハビリ、エルボーバンドの装着などが行われています。

日常生活では、手のひらを下にしてモノを持ち、肘で動かすことは、肘に負担がかかるのでNGです。
手のひらを上に向けて持つのはかまいません。

●肘・前腕の障害

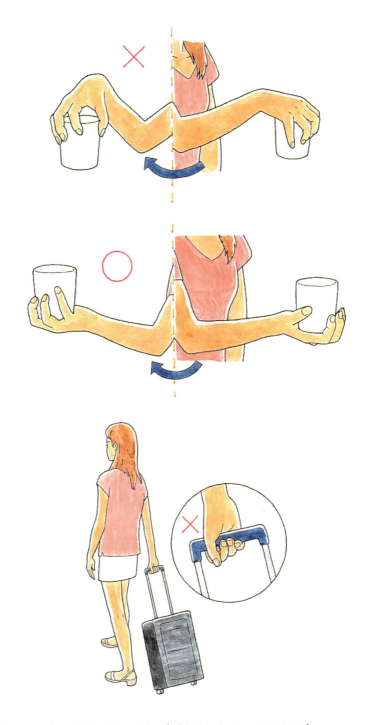

手のひらを後ろに向けるような持ち方も、肘に負担がかかるのでNGです。
テニス肘で、後遺障害を残すことは、常識的には考えられません。

上腕骨外側上顆炎と上腕骨内側上顆炎における後遺障害のキモ？

1）交通事故で多発している傷病名ではありません。
受傷直後から正しい保存療法が選択されれば、大多数は6カ月以内に改善が得られています。

2）しかし、問題となるのは、「肉離れでしょう？」いい加減な診断で放置されたときです。

6カ月を経過しても、手首を曲げる、回内・外の動作で、肘部に疼痛があり、そして、雑巾を絞る、ドアノブを回す、ペットボトルのキャップを回すことができないときは、後遺障害を申請します。
炎症所見は、エコー検査で立証しますが、6カ月を経過しており陳旧性＝古傷所見では、エコー検査で発見できないことがあります。
多くは、骨挫傷を伴っており、そうなるとMRI検査が有用です。
立証できた炎症所見の大きさに影響されますが、肘の神経症状として、14級9号、12級13号が認定されています。

3）肘関節の機能障害で12級6号が認定されないの？

個別に検討しなければなりませんが、立証された器質的損傷が炎症所見であれば、追加的な治療で改善が得られるに違いない？　爺さん会は想定すると思われるのです。
であれば、神経症状として捉えるであろうと、先回りをして予想しています。

19　肘関節と手関節、橈骨と尺骨の仕組み

橈骨と尺骨の仕組みは、肘関節と手関節の機能障害では、非常に重要なポイントになります。
熟読され、正しく理解してください。

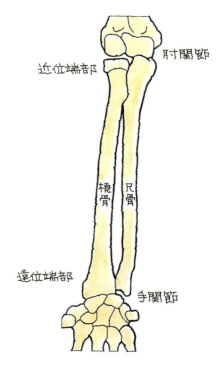

肘部では、上腕骨の遠位端部が尺骨に受け止められるように肘関節を形成しており、橈骨は、イメージとして尺骨に寄り添っているだけです。
ところが、手部となると、橈骨の遠位端部が、舟状骨、月状骨、三角骨と手関節を形成しており、尺骨は、それに寄り添っているだけなのです。
肘関節では橈骨が、手関節では尺骨が、かなり不安定な構造となっているのです。

肘は、肩関節で方向づけられた手が、人体の周辺のあらゆる空間で機能できるような働き、つまり、肘

●肘・前腕の障害

関節は、上肢の長さを調節することで、手を最適に配置する役割を果たしているのです。

前腕部には、橈骨と尺骨という長管骨が2本あり、手のひらを上に向けた状態では、前腕の親指側＝外側に橈骨、小指側＝内側に尺骨が位置しています。

手のひらの回内・回外運動は、肘関節特有のものです。
肘を曲げ、手のひらを上に向けた状態から下に向ける動作を回内、反対の動作を回外と言います。
回内では、橈骨と尺骨が交差して×印を形成します。
逆に回外で、手のひらを上に向けると橈骨と尺骨は平行に並びます。

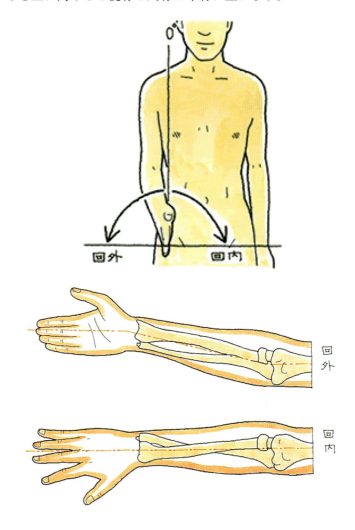

肘関節で見ると、橈骨は上腕骨の延長線上にはなく、少し外れた位置で、上腕骨とつながっている尺骨の周りをくるくる回るようにできています。
つまり、回内・回外運動は、尺骨を軸として橈骨が動いているのです。
橈骨は、肘関節の周りにある軟骨や筋肉、腱にサポートされながら安定性を保っています。

手関節で見ると、前腕骨の橈骨と手の付け根、前腕側にある手根骨とで関節されています。
手根骨は、8つの骨で構成されていますが、橈骨との関節面では、親指側から舟状骨、月状骨、三角骨の3つの手根骨となります。
尺骨は、手関節の周りにある軟骨や筋肉、腱にサポートされながら安定性を保っています。

肘関節と手関節における後遺障害のキモ？

1）肘関節では、橈骨頭骨折、肘関節の脱臼骨折、肘頭骨折、尺骨鉤状突起骨折が予想されます。
単独損傷で転位の小さなものでは、後遺障害を心配することもありません。
しかし、橈骨頭骨折に鉤状突起骨折や肘関節後方脱臼を合併したときには、肘関節および手関節に大きな機能障害を残すことが予想されます。

2）前腕の回内・回外運動は、左官屋さんが壁を塗るときは、主要運動となります。
回内が不能となれば、字を書くことができません。
後遺障害としては、軽い扱いの印象ですが、深刻な後遺障害を残すのです。

正常値は、回内・回外ともに90°です。
4分の1以下の制限であれば、10級10号、2分の1以下の制限であれば、12級6号が認定されます。
ただし、手関節または肘関節の機能障害と、回内・回外の可動域制限を残すときは、いずれか上位の等級で認定されており、併合で上位等級が認定されることはありません。

20　肘関節脱臼(ちゅうかんせつだっきゅう)

外傷性の脱臼では肩関節に次いで発症します。
交通事故では、二輪車を運転中、手をつくように転倒した際に発症しています。

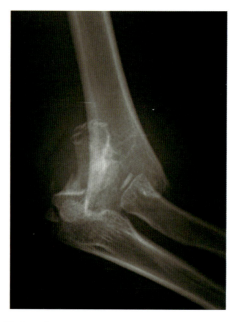

大部分は肘の後ろに抜ける後方脱臼です。
後方脱臼では尺骨が上腕骨の後方に脱臼し、強い痛み、肘の曲げ伸ばしができなくなります。
XPでチェックできるのですが、外見からでも尺骨が後方に飛び出していることが確認できます。

前方脱臼では肘を曲げた状態で肘をぶつけたときなどに発症することが多く、上腕骨の先端が飛び出し、肘頭の骨折を合併することがほとんどです。
脱臼に骨折を合併するときは、動揺関節や可動域制限などの後遺障害を残します。

●肘・前腕の障害

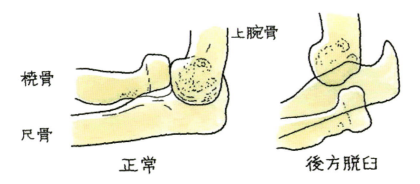

治療は、全身麻酔下に徒手整復、肘関節を90°に曲げた状態で3週間程度のギプス固定がなされ、このレベルでは、後遺障害を残すことなく改善が得られます。

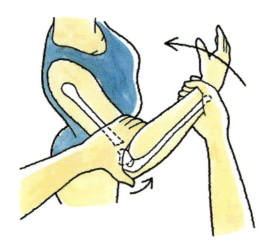

肘関節の脱臼と同時に内・外側側副靭帯の損傷や橈骨頭骨折、尺骨鉤状突起骨折、上腕骨内上顆骨折、上腕骨小頭骨折、上腕動脈損傷、尺骨神経麻痺等を合併するものは、オペの適用となります。
このレベルでは肘に動揺関節、可動域の制限を残したりすることが考えられます。
いずれも、12級6号以上が認められます。
受傷後6カ月の段階で症状固定としなければ、4分の3 + 10°程度の改善で非該当になります。

21 肘頭骨折（ちゅうとうこっせつ）

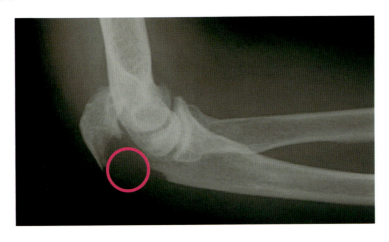

肘への衝撃により骨折が生じますが、肘頭骨折とは、橈骨ではなく、尺骨の遠位端部の骨折です。
また、肘頭は、上腕三頭筋により上方へ引っ張られているので、骨折により転位が生じます。

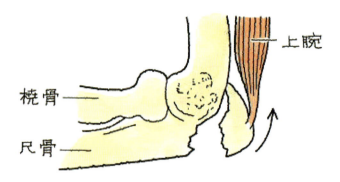

痛みや腫れが生じ、肘の可動域制限と異常可動がみられ、単純XP撮影で骨折が認められます。

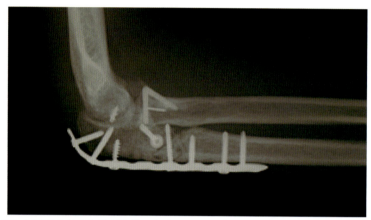

骨折した肘頭の骨の欠片が多数のときは、AOプレートを用いて固定されています。

転位の少ないものは肘関節を90°曲げた状態で4週間程度のギプス固定が行われ、転位の大きなもの、粉砕骨折では、オペの適用です。

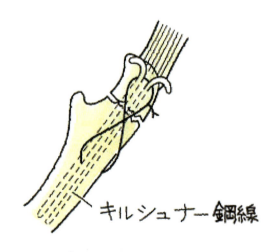

肘頭骨折

髄内釘・螺子（ねじ）による固定、フックプレートによる固定、Kワイヤーを8の字状に締結する引き寄せ締結法、Zuggurtung法が行われています。

22　尺骨鉤状突起骨折

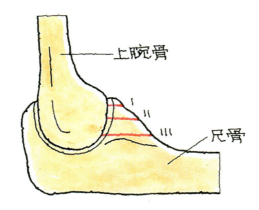

上腕骨遠位端部を尺骨が受け入れる形状で、肘関節は構成されています。
交通事故では、転倒、手を突いての骨折では、尺骨の鉤状突起骨折を発症することが多いのです。
尺骨鉤状突起骨折は、主として肘の脱臼に合併、もしくは肘関節を脱臼するほどの外力を受けた際に上腕骨の関節面＝上腕骨滑車と尺骨の鉤状突起が衝突して骨折しています。

Grade Ⅰ　鉤状突起先端部の剥離骨折
Grade Ⅱ　25％以上50％以下、骨片に関節包と上腕筋の一部が剥がれたもの、
Grade Ⅲ　50％以上、上腕筋と内側側副靱帯が剥がれたもの、

鉤状突起には、前方関節包、上腕筋、内側側副靱帯の軟部組織が付着しており、肘関節の安定に寄与しているのですが、Grade Ⅱ 25％以上の骨折から、肘関節は不安定を示すので、オペが選択されています。

重症例は、鉤状突起骨折に、肘関節後方脱臼と橈骨頭骨折を合併したものです。

橈骨頭・頚部骨折、肘関節脱臼、肘頭骨折、尺骨鉤状突起骨折における後遺障害のキモ？

1) いずれの傷病名であっても、単独損傷、そして、受傷直後に適切な診断と治療が行われていれば、後遺障害を残すことなく改善が得られています。
しかし、交通事故の被害者に医師の選択権はありません。
救急搬送された治療先の医師の診断力と技量で、その後のすべてが決定してしまうのです。

2) 経験則で多いのは、不完全な徒手整復と長期のギプス固定の選択による肘関節の拘縮です。

転位の少ない鉤状突起骨折では、保存治療が選択されるのですが、最初の2週間は、肘関節90度でギプスシーネ固定がなされます。
そして、受傷後1週の段階で、支柱付きの肘関節装具の採型を行い、さらに、装具には伸展制限のストッパーをオプションで追加しておきます。
2週間が経過、ギプスシーネの除去後は、この装具を3カ月間、着用させます。
当初は鉤状突起の転位を防ぐために、最初は屈曲45〜60°までの伸展制限をつけ、段階的に伸展制限を軽減し、最終的には受傷後6週で伸展制限を解除します。

肘関節を長期間固定すると、鉤状突起は良好に骨癒合するのですが、肘関節に高度の拘縮、可動域制限を残します。したがって、肘関節前方および内側の不安定性の治療をしつつ、可動域を維持するには、早期から支柱付き・伸展制限付き装具装着下に積極的な肘関節可動域訓練を行う必要性があるのですが、このようにきめ細かなリハビリ治療は、実は例外的なのです。

上記の傷病名で、肘や手関節に大きな可動域制限を残しているのは、不可逆的な損傷を除けば、ほとんどが不適切な治療、つまり医原後遺障害なのです。

3）しかし、相談会に参加された被害者に治療先のレベルをこき下ろしても得られるものはありません。
そんなことは、一言も説明せず、骨癒合は3DCTで明らかにし変形癒合を立証します。
拘縮は、ギプス固定期間を診断書からピックアップし、申述書にまとめます。
動揺関節では、装具の発注と、ストレスXP写真で立証します。
つまり、合理的に立証し、後遺障害等級を獲得する方向で活動するのです。

4）合併損傷であれば、理想的な治療であっても、ほぼ確実に後遺障害を残します。
本件の後遺障害は、肘関節の機能障害、神経麻痺、動揺関節、痛みの神経症状です。
機能障害では、骨癒合が決め手となるので、必ず、3DCTで360°回転させて検証します。
神経麻痺では、神経伝達速度検査、針筋電図検査で立証します。
さらに、神経麻痺では、自分で動かすことができないが、他動値は正常であることを理解しておかなければなりません。
最後に、動揺関節は、ストレスXP撮影で立証します。

私の経験則

妻の兄は、東映の京都撮影所で照明技師をしているのですが、2013年の年末、9尺の脚立から落下して右肘関節の開放性脱臼骨折となりました。具体的な傷病名は、開放性右肘関節後方脱臼骨折、右鉤状突起骨折GradeⅢ、右橈骨頭挫滅骨折となっていました。
業務中の事故受傷であり、労災保険・業務災害の適用です。

翌日、入院中の治療先で、院長先生から骨折の状況と明日の手術の内容の説明を受けました。
右肘は、尺骨が関節から外れ、あっち向いてホイの脱臼、右尺骨鉤状突起はGradeⅢの破壊、右肘関節に寄り添う右橈骨骨頭部が上腕骨からの衝撃で圧挫滅しています。
右肘関節部は、後方で皮膚が裂けており、妙に白い上腕骨が見えていました。
XP・CTでは確認できませんが、肘関節の内・外側側副靭帯は、おそらくブチ切れているでしょう？
私の経験則でも、肘関節では、かなりの重傷事案で、後遺障害の遺残は必須です。

翌日の手術は全身麻酔で行われました。
開放性骨折ですが、長袖のシャツ、トレーナーを着用しており、開放創が直接、地面に触れたのではなく、感染症の可能性が低いことが、なによりの幸いでした。
オペでは、橈骨頭の挫滅部を少し引き上げて、ピンで固定、前腕の両側を開き、断裂した内・外側側副靭帯をアンカーボルトに巻き付けて固定、創部を縫合してギプス固定としました。

術後4日目の12/30、肘関節内で橈骨を固定していたピンを抜釘、ギプスは半割のシャーレーです。
この状態で、1/1、2と家族大麻雀大会でしたが、シッカリ＋89で2位を確保しました。
参考までに、私は＋102で1位、親でメンホン、チイトイ、ツモ、ドラ3の倍マンが圧巻でした。
1/4には抜糸、MRSA感染の疑いが晴れれば、おそらく、1/10頃から、鬼のリハビリが始まります。

やや遅れて、8/末に症状固定として後遺障害診断を受けました。
労働基準監督署は、右肘の可動域制限で10級10号を認定しました。

23　変形性肘関節症

上肢には、肩関節、肘関節、手関節の3大関節があり、どの関節でも、交通事故による脱臼や骨折を原因として、二次性の変形性関節症が予想されます。

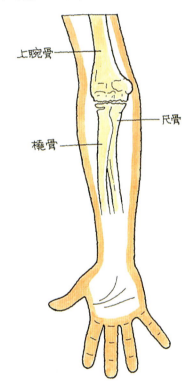

ここでは、変形性肘関節症を取り上げます。
肘関節は、上腕骨、橈骨、尺骨の3つの骨で構成されているのですが、見た目の印象では、上腕骨と尺骨で肘関節が形成されています。
医学的には、上腕骨遠位と橈骨頭との腕橈関節、上腕骨遠位と尺骨との腕尺関節、橈骨と尺骨の近位橈尺関節で3つの関節を形成していると説明されていますが、橈骨頭は寄り添っているだけです。

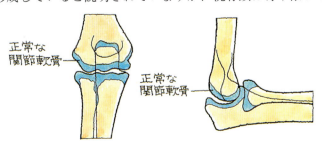

肘関節の外傷では、肘関節脱臼、上腕骨顆上骨折、上腕骨外顆骨折、橈骨頚部骨折、肘頭骨折などを原因として、変形性肘関節症に発展することがあります。

肘関節の変形が進行するにしたがって、肘部に痛みを発症、関節の動きが制限され、肘の曲げ伸ばしが困難となり、食事、洗顔、洗髪、衣服を着る、お尻を拭くなど、日常生活で大きな支障が発生します。
変形に伴って、肘の内側部で尺骨神経が圧迫され、手の力が入りにくくなったり、小指と薬指にしびれなどが生じたりする尺骨神経麻痺も十分に予想されることです。

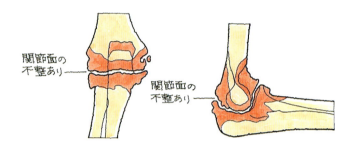

通常は、肘部の軟骨が関節面を覆っていて、肘にかかる衝撃を和らげています。
変形性肘関節症では、軟骨が摩耗し、骨が関節面に露出しています。
内側部では、骨棘＝過剰な骨の突起が出現します。
骨棘とは、関節面の軟骨が硬化、骨化して棘のようになったもので、関節面周辺にできる変形性関節症の特徴的な所見の1つです。
XPで骨棘がハッキリ認められるときは、変形性肘関節症が確定診断されています。

骨棘は、棘状に出っ張っており、肘関節の動きを制限し、さらに進行すると、骨棘が欠片となり、関節内の遊離体となって、ときに引っかかり、ロッキングの原因となっています。

治療は、当初は、保存的治療であり、安静の指示、非ステロイド系抗炎症剤を処方され、温熱療法、肘のストレッチ、周辺の筋力を強化するリハビリが行われます。

肘関節の変形や不安定性がみられるときは、肘関節装具の着用が指示されています。
症例によっては、肘関節内に鎮痛剤、局所麻酔剤、ステロイドなどの注射が試みられます。

保存的治療が有効でなく、日常生活動作に不自由をきたす症例では、オペが選択されています。
オペには、関節遊離体摘出術、肘関節形成術、人工肘関節置換術などがあります。

XPでは、肘関節の変形や骨棘形成、関節裂隙の狭小化がみられます。

※関節裂隙の狭小化
関節部の軟骨はXPには写らず、関節のすきまが軟骨の厚さを示しているのです。

変形性肘関節症における後遺障害のキモ？

1）挫滅的な肘関節脱臼や上腕骨顆上骨折、上腕骨外顆骨折、橈骨頚部骨折、肘頭骨折などの合併によ

り、症状固定段階ですでに変形性肘関節症となっているものがあります。

このケースでは、肘関節部の 3DCT、MRI 撮影により、変形性を具体的に立証します。
肘関節の可動域制限で、機能障害としての後遺障害を獲得します。
常識的には、10 級 10 号、8 級 6 号の選択となります。
肘関節が人工骨頭や人工関節に置換されたときは、ほとんどは 10 級 10 号が認められています。

2) 肘関節脱臼や上腕骨顆上骨折、上腕骨外顆骨折、橈骨頚部骨折、肘頭骨折の傷病名で、12 級 6 号レベルの可動域制限が認められているが、骨癒合状況から、近い将来に変形性肘関節症に発展する可能性が予想されるときは、示談書には、「今後甲に、本件事故が起因する変形性肘関節症を発症したる際は、甲乙間において別途協議を行うものとする。」この条項を加えなければなりません。

さらに、後遺障害診断書の写し、示談書、受傷時の XP、その後に撮影された CT、MRI 画像の収録された CD についても、厳重に保管しておかなければなりません。
弁護士による示談締結が好ましいことは、言うまでもありません。

24　右肘内側側副靭帯損傷？

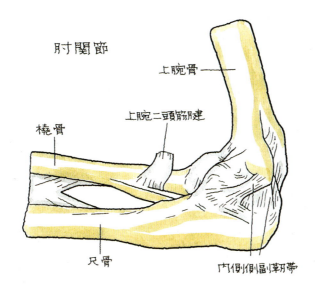

肘関節は、上腕と前腕を連結しており、上腕骨、橈骨、尺骨の 3 本の骨で構成されています。
前腕部の内側、小指側に尺骨、外側、親指側に位置するのが橈骨です。

肘関節の両側には、肘関節が横方向に曲がらないように制御している側副靭帯があります。
内側側副靭帯は、上腕骨と前腕の内側にある尺骨を、外側側副靭帯は、上腕骨と前腕の外側にある橈骨を連結しています。

交通事故では、自転車、バイクからの転落で手をついたときの衝撃力が肘に作用して、内側側副靭帯を損傷しており、肘関節脱臼に伴うものと単独損傷の 2 種類があります。

内側側副靭帯損傷の症状ですが、受傷直後から肘の激痛と腫れが出現、激痛のため、肘関節を動かすことができなくなります。
内側側副靭帯損傷では、上腕骨内側上顆の下端に圧痛が認められ、外反位で疼痛が増強し、不安定性が認められます。
XPでは判別が難しく、MRI、エコー検査で確定診断がなされています。
治療は、2、3週間のギプス固定が行われ、その後は、ギプスをカット、リハビリ運動が始まります。

外側側副靭帯損傷は、肘関節の脱臼に伴うものがほとんどですが、受傷後、時間が経過してから、肘の引っかかり感、外れそうになる感じなどが問題となります。
後外側回旋不安定テストを行い、肘が外れそうな感じ、クリック音を調べます。

小児の上腕骨外側上顆剥離骨折を伴う外側側副靭帯損傷では、骨片の整復固定術が必要です。
陳旧性の外側側副靭帯損傷に対しては、靭帯再建術が実施されています。

ここからは、野球の話です。

ボールを投げるとき、特に加速をつけるときは、肘の内側を伸ばす不自然な動作を行います。
それに伴って、内側側副靭帯は引き伸ばされることになります。
投球動作の反復により、内側側副靭帯は引き伸ばされ続け、肘に対する負担が大きくなり、行き着くところ、側副靭帯が部分断裂するのです。ピッチャーにとっての職業病と言えます。

ダルビッシュ選手が、右肘内側側副靭帯の一部断裂で、トミー・ジョン手術を受けることになりました。
復帰は、早くて1年後の予定です。
古くは、村田兆治、桑田真澄さんが、このオペを受けています。
最近では、松坂、和田、田沢、藤川さんも、このオペを受けて復活しています。

トミー・ジョン手術とは？
1974年、フランク・ジョーブ博士が、ドジャースのピッチャー、トミー・ジョン選手の内側側副靭帯の断裂に対して行ったオペで、有名となりました。
このオペ後、トミー・ジョン選手は、170勝し、年間20勝以上を2回、果たしました。
現在、TJ術は、アメリカスポーツ医学研究所のジェームズ・アンドリュース医師が第一人者です。
TJ術とは、部分断裂した内側側副靭帯を摘出し、長掌筋腱を移植する術式です。

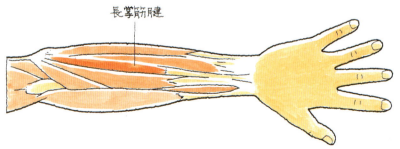

長掌筋は、手首を曲げる役目を果たしていますが、同じ働きを持つ筋肉は他にもあり、長掌筋を外して

も、問題を残しません。握り拳では、手首に腱がむき出しとなるのですが、この腱が長掌筋腱です。

再建した靭帯の定着に時間がかかり、術後は、長期のリハビリが必要となり、復帰には1年以上を要しますが、すでに、800人以上の大リーガーがこの手術を受けており、リハビリの技術が向上したところから、成功率も90％を超えています。

日本では、慶友整形外科病院　伊藤恵康医師が考案した「伊藤法」が有名です。
巨人の脇谷亮太さんが、この病院で右肘靭帯の再建手術を受けています。

名称　慶友整形外科病院
所在地　〒374-0011　群馬県館林市羽附町1741
TEL　0276-72-6000
肘関節・手の外科・末梢神経外科
病院長　伊藤　恵康（いとう　よしやす）

肘内側側副靭帯損傷における後遺障害のキモ？

1）交通事故外傷の内側側副靭帯損傷は軽度から中等度であれば、テーピングや短期間のギプス固定を行えば、リハビリ期間も含めて3カ月もあれば、後遺障害を残すことなく治癒しています。
強烈な打撲で、靭帯が引きちぎられたときでも、靭帯縫合、ギプス包帯、その後のリハビリで改善が得られ、後遺障害を残すことはありません。

2）「ちょっと、肘関節が緩んでいますが、湿布で様子を見ましょう？」
問題は、いつものことですが、適切な治療が行われなかったときです。

後遺障害の対象は、肘内側部の痛み、動揺性、機能障害です。
内側側副靭帯損傷が確定診断され、ギプス固定がなされたときでも、その後のリハビリに無関心で放置されたときは、肘関節の拘縮で機能障害を残すことがあります。

過去に、肘関節の拘縮で10級10号を獲得したことがあります。
調査事務所は、意図的にリハビリをサボったのではないかとして、12級13号の認定でした。
被害者は、1カ月平均で16回のリハビリ治療を継続しており、リハビリの内容が温熱療法だけに終始したことは問題であったものの、このことは被害者の責任に帰するものではないとして異議を申し立て、10級10号を獲得しています。

もう1つのパターンは、肘関節打撲と診断し、内側側副靭帯損傷を見落とした例です。
側副靭帯は緩んだままで、不安定性を残して症状固定としました。
側副靭帯の損傷はMRIで、不安定性は、ストレスXP撮影で立証し、12級6号を獲得しています。

最後のパターンも、左内側側副靭帯損傷を見落とした例です。

無料相談会に参加されたときは、受傷から2年を経過していました。
受傷後にMRIの撮影すら実施していないお粗末さです。
受傷直後のXPでは、尺骨はやや亜脱臼ぎみに写っています。
今回のMRIで、陳旧性の内側側副靭帯は、ほとんど断裂に近い損傷所見でした。
左肘は、変形性肘関節症となっており、肘の可動域が低下、遅発性尺骨神経麻痺で、薬指の外側と小指のしびれ、握力の低下の訴えがあり、左手には、軽度ですが、骨間筋萎縮が認められました。

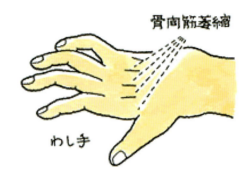

側副靭帯損傷はMRI、尺骨亜脱臼はCT3D、遅発性尺骨神経麻痺は神経伝達速度検査で立証、この被害者には、変形性肘関節症を原因とする肘の機能障害で12級6号、遅発性尺骨神経麻痺で10級10号、併合9級が認定されました。

余談ですが、もう1例、困った被害者がおりました。
右肘内側側副靭帯の損傷で、ほぼ完治していますが、痛みを大袈裟に訴え、加害者の誠意のなさと、保険屋さんの傍若無人な対応にも立腹、「アメリカでTJ術を受けたいが、なんとかならないか？」
こんな相談を受けたのです。

アメリカに行けば、誰でも受けられる手術ではないこと、
そもそも、TJ術を受けなければならない理由が存在していないこと、
したがって、アメリカでTJ術を受けるにしても、保険屋さんは、治療費の負担を拒否すること、

一生懸命説得したのですが、頑として聞き入れません。
大リーガーでも、ピッチャーでもない、その辺のおっさんがフロリダでTJ術？
お役に立てませんと頭を下げ、相談会を終了しました。

25 橈・尺骨骨幹部骨折

上腕骨は、1本の長管骨ですが、前腕骨は橈骨と尺骨の2本で構成されています。
親指側にある骨を橈骨、小指側にある骨を尺骨と記憶しておくと便利です。

交通事故では、直接、前腕を強打したり、飛ばされたりして手を地面についた際、前腕に捻れの力が加わり、橈骨および尺骨が骨折します。
捻れにより橈・尺骨が骨折を起こしたときは、骨折部位は異なりますが、外力により両骨が骨折を起こしたときは、両骨の骨折部位は同一部位となる傾向です。

橈・尺骨の両方が骨折しており、激痛と腫脹、前腕の中央部は大きく変形、ブラブラ状態です。
単純XP撮影で容易に診断が可能で、両骨の骨折では、かなり強い衝撃が外力として強制されており、大きな転位が認められるものがほとんどです。

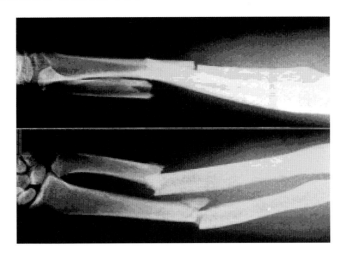

過去、骨折の70～75％は徒手整復＋ギプス固定による治療でした。
尺骨や橈骨の骨幹部は、両端に比較すると細くなっており、血流が少なく、骨癒合が遅れ、偽関節化することが多かったのです。
最近では、AOプレートとスクリューによる固定が常識とされており、偽関節化が少なくなっています。

私の経験則

この事故は、日本海に面した福井県の国道で発生しました。
お盆の墓参りに出かける途中ですが、加害者のセンターラインオーバーによる正面衝突です。
同乗中の奥様のお母さんが死亡、お父さんは頭部外傷で3級3号、奥様は右眼窩壁骨折と顔面の醜状痕で併合6級の悲惨な交通事故でした。

ご主人が運転しておられたのですが、ハンドルからの衝撃で右橈・尺骨の骨幹部を骨折しました。
私が治療先の温泉病院で被害者面談をしたときは、受傷から2年を経過していました。
右尺骨は偽関節で、大きく内反変形をしており、被害者の職業は左官でしたが、壁塗りの基本である回内・外運動が不可能で、原職復帰を果たせる状況ではありません。
私は被害者に対して以下の2案を提案しました。

①現時点で治療を打ち切って、後遺障害等級の認定申請を行い、等級確定後に国民健康保険で矯正術を受け、この治療費は被害者が負担する？
②現時点で症状固定とはせず、治療先を変更し、前腕骨骨折部の矯正術を受け、左官職への復帰をめざす？

損害賠償では、①が有利ですが、矯正術に最大で1年以上を要する可能性と、受傷から2年を経過しての骨移植を伴う矯正術で、果たして左官職に復帰できる程度に改善するか、私にも自信がなかったのです。

被害者は②を選択、大阪赤十字病院に転院、平成10年2月、腸骨からの骨移植を伴う矯正術を受けま

した。経過は順調に推移し、平成10年9月に症状固定とし、後遺障害等級は併合で9級が認定されましたが、事故受傷からまる3年10カ月が経過していました。

9級をベースにしての損害賠償交渉が始まったのですが、保険屋さんは、医療過誤が原因で損害が拡大したとして、治療先を訴え、被害者に対しては債務不存在の確認訴訟を提起しました。
被害者には、寝耳に水のお話です。

この保険屋さんはマルマル入ってマルマル返ってくる第一火災で、その後、しばらくしてマルマル返せなくなって破綻したのですが、被害者を蚊帳の外に置いた医療過誤訴訟が勝訴？
そんなことは、あり得ません。
これを担当した保険屋さんの弁護士も、とかく噂のあるポンスケで、医療過誤の立証に失敗し、被害者は大勝利判決を獲得しました。

骨折の70％は、現在でも、徒手整復による治療となっています。
したがって、どうしても手術をしなければならないということはありません。
ただし、整復後の経過によっては手術も十分に検討されるべきで、本件は積極的な治療を検討することなく漫然と治療を行った結果、尺骨の変形と偽関節を生じたのです。

私は、これは、不作為＝当然やらなければいけなかったことを見逃してしまったに該当し、医療過誤になると判断しています。
しかし、医療過誤で争うことは全く考えていません。
医療過誤は、保険屋さんが示談解決した後に、治療先を訴えればいいのです。

そして、現在では、迷うことなく、①を選択、症状固定を優先させています。

26　橈骨頭・頚部骨折

肘関節周囲骨折では、最も多い骨折であり、交通事故では、腕をまっすぐに伸ばしてバイクを運転中の事故受傷で発生しています。
私の経験では、この部位だけの骨折は稀で、多くで上腕骨内上顆骨折、尺骨近位端骨折、尺側側副靱帯損傷を合併します。成人では骨頭骨折となり、小児では頚部骨折となることを特徴としています。

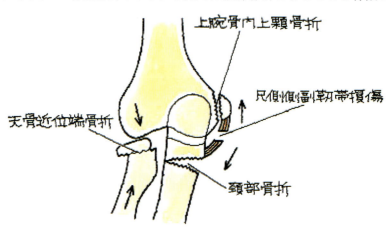

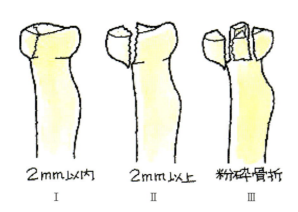

Type Ⅰ 転位のないもの、
Type Ⅱ 少しの転位はあるが、単一骨片にとどまるもの、
Type Ⅲ 橈骨頭が3つ以上に粉砕骨折しているもの、

Type Ⅰでは、3～4週間のギプス固定、Type Ⅱでは、スクリューによる固定術が行われます。
Type Ⅲ 粉砕骨折で、不安定性のあるものは、人工骨頭置換術、不安定性の少ないものは、橈骨頭切除術が選択されています。

無料相談会では、握力の低下と遠位橈尺関節の不適合による手関節の機能障害に注目しています。
肘関節部近位の骨折であっても、手関節に機能障害を残す?
「19 肘関節と手関節、橈骨と尺骨の仕組み」をもう一度、熟読してください。

本傷病名に先の骨折等を合併する場合、治療期間も1年近くを要し、10級以上の後遺障害を残す可能性が高いのですが、本傷病名にとどまるものは、予後は良好です。

27 モンテジア骨折

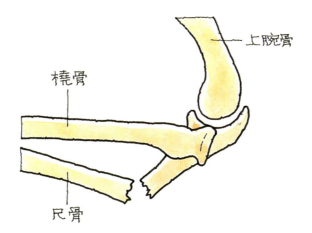

尺骨骨幹部骨折と橈骨頭脱臼が同時に発生したものをモンテジア骨折と呼びます。
事故直後は、尺骨骨折の痛みが強く、肘関節での橈骨頭脱臼が見逃されることが多いのです。

橈骨頭の前方脱臼では、前方を走行する後骨間神経を絞扼・圧迫することにより、指を伸ばせなくなり、下垂指という変形をきたすことがあります。

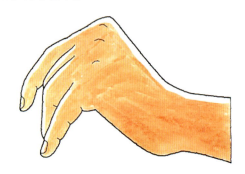

治療は、成人であれば、骨折が不安定なこともあり、オペによるプレート固定が行われます。

受傷から6カ月以上の陳旧例では、尺骨の骨癒合は完成するも、橈骨頭の脱臼だけが残存しており、肘関節には可動域制限が認められる状況です。
これを治癒させるには、尺骨の過矯正骨切りオペを実施して、橈骨頭の整復を行います。
橈骨頭の変形が著しいときは、橈骨頭切除術が実施されています。

28　ガレアッチ骨折

橈骨骨幹部骨折に伴い、尺骨頭の背側に脱臼を生じたものを言います。
先に説明しているモンテジア骨折の逆バージョンです。
XPで頭骨の骨折を確認しても、肘関節のXPを行わないと、尺骨頭の脱臼を見逃します。
血管や神経などの軟部組織が損傷しているときもあるので、MRI、神経学的検査、関節鏡検査、筋萎縮検査も必要となります。
成人では、保存療法ではなく、オペが選択されます。
整復が不十分では、回内・外運動に機能障害を残します。

橈・尺骨骨幹部骨折、モンテジア骨折、ガレアッチ骨折における後遺障害のキモ？

1）橈・尺骨骨幹部骨折では、AOプレートとスクリュー固定が一般的であり、開放性の挫滅もしくは粉砕骨折でもない限り、偽関節や変形治癒の後遺障害を残しません。

2）モンテジア骨折、ガレアッチ骨折でも、初診で脱臼が確認されており、骨折がAOプレートとスクリューで固定されたものでは、ほとんどのケースで後遺障害を残すことなく治癒しています。

3）問題は、脱臼が見逃されてそのまま放置されたものです。
最近の大阪の相談会でも、57歳女性のモンテジア骨折で非該当が発生しています。
もちろん、傷病名は右尺骨骨幹部骨折で、モンテジア骨折とは記載されていません。
認定通知書には、「右尺骨骨折は、良好に骨癒合が得られており、変形もなく、右肘関節に高度な可動域制限を残すことは考えられない。」と記載されています。
しかし、事故直後の右肘橈骨頭部は明らかに脱臼しており、症状固定段階のXPでも亜脱臼が確認でき

ています。事前認定では、それらの画像も提出しているのに、亜脱臼は完璧に無視されています。3DCTの撮影で亜脱臼を示し、自賠・共済紛争処理機構に対して紛争処理の申立を行い、右肘の機能障害で12級6号を獲得しました。

29　橈骨遠位端骨折、コーレス骨折、スミス骨折

（1）コーレス骨折

橈骨の遠位、つまり心臓より遠い部分ですから、印象としては、手首の骨折となります。
倒れたとき、手をついた際、橈骨遠位端骨折が生じますが、手のつき方で骨折の名前が違います。
転倒時に手のひらをついて倒れたときは、コーレス骨折、手の甲をついて倒れたときは、スミス骨折と呼ばれているのです。

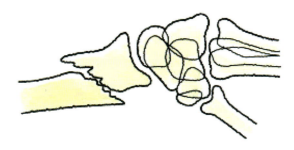

Colles骨折

手首に強い痛みがあり、短時間のうちに腫れてきます。
手のひらをついての骨折では、食器のフォークを伏せて置いたような変形が見られます。

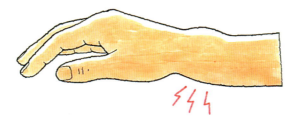

健側の手で支えないと、患側の手はブラブラ状態で力が入りません。
骨折や腫れで神経が圧迫され、親指〜環指母指側2分の1までの指がしびれることもあります。

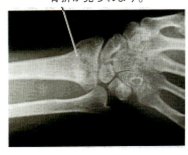

骨折が見られます。

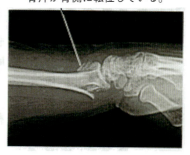

骨片が背側に転位している。

正中神経麻痺を好発する部位です。
XPで確認でき、骨折部は、フォーク背様に変形がみられます。
以前は、麻酔下で徒手整復を行い、前腕の変形を起こさせないため上腕からギプス固定を行うのが主流でしたが、現在では、ロッキングプレートによる固定が一般的です。

プレート固定により、早期にリハビリを開始し、手関節の機能障害を防いでいます。

(2) スミス骨折

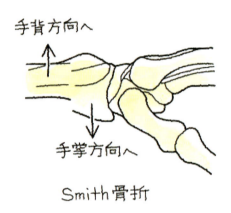

転倒の際に、手の甲を地面について骨折すると、骨折部は手のひらの方向にズレます。
自転車のハンドルを持ったまま転んだときに骨折するのですが、これはスミス骨折と呼ばれています。
XPでは、骨折片は、コーレス骨折とは逆の手掌側に転位しています。
それ以外では、合併症、症状等はコーレス骨折と同じです。

橈骨遠位端骨折、コーレス骨折とスミス骨折における後遺障害のキモ？

1）ロッキングプレートなど、これだけ医療技術が進歩していても、ローカルでは、今なお、徒手整復後のギプス固定が治療の主流となっています。
この治療法であれば、6カ月で症状固定を選択すれば、手関節の機能障害で12級6号は確実です。

2）前腕骨は橈骨と尺骨で構成されており、手首のところで、2つの骨が橈尺関節を形成しています。
骨折による橈骨の背側の傾きが20°以上、橈骨が5mm以上の短縮変形をきたすと、この関節の機能に障害をもたらします。
手関節の疼痛、握力の低下、前腕の回内・回外制限等を発症するのです。
ロッキングプレートによる固定であっても、上記がキーポイントとなります。
3DCT画像をONISのソフトを駆使して分析することになります。

3）疼痛の軽減と運動制限の改善を目的として橈骨矯正骨切り、尺骨短縮手術等が行われていますが、その前に、症状固定として後遺障害を申請しなければなりません。

30 バートン骨折

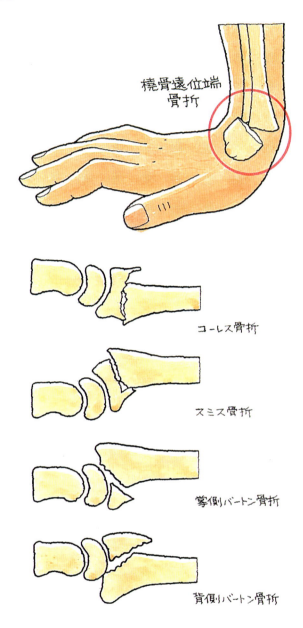

コーレス骨折、スミス骨折、バートン骨折は、いずれも橈骨の遠位端骨折ですが、バートン骨折は橈骨遠位端部の関節内骨折ですから、橈骨遠位端骨折の中では、重症例です。

遠位骨片が手根骨とともに背側に転位しているものを背側バートン骨折、掌側に転位しているものを掌側バートン骨折と呼ぶのですが、こんなことは覚える必要はありません。
ほとんどで、関節靭帯や関節包の損傷を合併し、整復も難しく、オペが選択されています。

受傷直後のXPで、関節面の転位が2mm以上認められる関節内骨折では、完全な整復の必要からオペが選択されています。
橈骨の短縮は5mmが許容範囲であり、6mm以上は疼痛や前腕の回内・外障害が予想されるところから、やはり、オペが選択されることになります。

術後、小指側の手関節に慢性的な痛みを感じるときは、尺骨の茎状突起部の偽関節の可能性が予想されるところから、XP、CTで確認しなければなりません。

関節外骨折であっても、背側に20°以上転位しているものは、オペが必要となります。

バートン骨折における後遺障害のキモ？

1）スミス骨折の一種であり、橈骨の前方部分だけに骨折のあるものをバートン骨折と呼んでいます。橈骨の関節内骨折であり、骨片とともに手根骨が背側あるいは掌側に転位することから、橈骨の手関節における脱臼骨折と覚えてください。

交通事故では、自転車やバイクに乗車中の転倒で、手のひらをついた際に、橈骨遠位端部が手関節部で骨折するのですが、橈骨・手根関節脱臼骨折であり、靭帯や関節包を損傷していることが多く、難治性です。
症状は、事故直後から、手関節の強い痛み、腫脹、関節可動域の制限が起こります。
手関節に変形が見られることも多く、手指に力が入らず、十分に握ることができません。
骨折部は不安定であり、反対側の手で支える必要があります。
手指にしびれが生じ、後になって、親指の伸筋腱が切断されていることが発見されることもあります。

2）後遺障害は、手関節の機能障害、重症例では、右手の脱力で、字を書けなくなることもあります。
骨折後の骨癒合は、3DCTで立証します。
受傷から6カ月で症状固定を選択することが可能です。
手関節内のバートン骨折では、多くが10級10号の後遺障害が認定されています。

3）二次的障害として、筋肉の線維・骨膜などの損傷により、本来骨がない筋肉の中に骨と同じ骨組織が形成される骨化性筋炎を発症することもあります。
手関節を曲げることができない、筋肉が突っ張って痛いなどの症状では、骨化性筋炎を疑います。
手関節を曲げることができないのは、筋組織内の骨化により筋肉を動かすことができなくなるからで、XPやCTでは、筋肉内に存在するはずのない骨組織が形成されているのが見られます。

4）滅多にありませんが、この骨折が見落とされ、放置される、認められていても不十分な徒手整復では、変形治癒となり、手関節に10級10号以上の機能障害を残します。
遅発性の二次的障害ですが、正中神経麻痺により、手指の先が強烈にしびれる手根管症候群という神経の障害を合併することもあります。
詳細は、手根管症候群で学習してください。

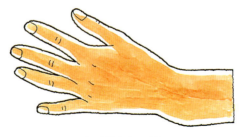

変形骨癒合の例

31　ショーファー骨折＝橈骨茎状突起骨折

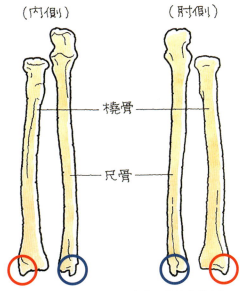

赤○は橈骨茎状突起、青○は尺骨茎状突起

ショーファー骨折とは、橈骨茎状突起部の手関節内骨折であり、運転手骨折とも呼ばれています。
交通事故では、運転手がハンドルを握った状態で骨折することが多く、この別名がついています。
自転車で横断中、自動車との衝突で、手のひらをついて転倒したときにも、この骨折が起こります。

受傷機転が、手関節の背屈・橈屈強制で起こり、茎状突起が舟状骨と衝突します。
よって、舟状骨骨折も視野に入れて治療が行われています。

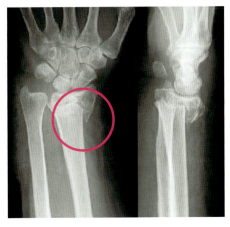

橈骨茎状突起部は、手関節を構成している骨であり、元通りの位置に整復されなければなりません。
それを理由として、現在では、ほとんどでオペが選択されています。

しかし、交通事故による粉砕骨折では、オペであっても安定性が得られず、予後不良です。
つまり、変形性手関節症に発展する可能性が予想されるのです。

ショーファー骨折における後遺障害のキモ？

1）骨折後の骨癒合が得られていても、手関節として整合性が保たれているか？

この点を検証しなければなりません。

骨折部の骨癒合状況は、3DCTで立証します。

手関節のアライメントは、左右の手関節の背側・掌側のXP写真を比較しつつ検証します。

変形性手関節症は、受傷後の二次的障害です。

症状固定時には問題とならなくても、時間の経過で発展することが予想されます。

示談書には、将来の可能性と、そうなったときの対処法を明記しておかなければなりません。

2）当面の後遺障害の対象は、手関節の機能障害で、多くは、12級6号が認定されています。

常識的な症状固定は、受傷から6カ月、ダラダラ漫然治療を続けると、12級を取り逃がします。

3）ショーファー、Chauffeurとは、お抱え運転手を意味しています。

昔、クランクバーを回転させて車のエンジンをかけていた時代に、エンジンの始動用のハンドルの蹴り返しで、この骨折が頻繁に発生したそうで、ショーファー骨折は、そこから名付けられています。

32　尺骨茎状突起骨折

尺骨の尖端ある突起の骨折です。骨の成長期のお子さんでは、この突起は十分骨になっていませんので、成長期が終わった後の年齢から、通常は、橈骨遠位端骨折（とうこつえんいたんこっせつ）に合併して診られます。（骨の成長期のお子さんは、尺骨も橈骨と同じ高さ（＝位置）の遠位端で骨折します。）

初診時は、見落とされることもしばしばですが、癒合しなくても、痛みが残らないことも多いです。症状が残る場合は、手首を回すと痛みが出ます。橈骨遠位端骨折より、骨癒合が悪く、ギプス固定期間を長くする必要があります。

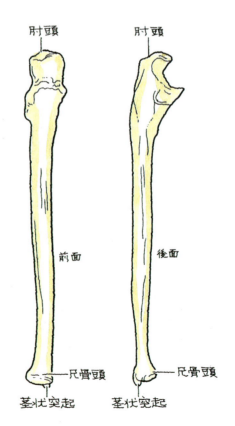

尺骨は、前腕内側＝小指側にある長管骨で、平均的には、男約24cm、女21〜22cmです。
尺骨は、橈骨とは逆に上端部が大きく下端部が細くなっており、上端の滑車切痕で上腕骨滑車と肘関節を形成しています。
手関節の小指側で、少し飛び出た部分を尺骨茎状突起と呼んでいます。

交通事故では、自転車で交差点を横断中に自動車の衝突を受け転倒したなどで、発症しています。
尺骨茎状突起骨折そして偽関節では、茎状突起上部にあるTFCC損傷を合併することが多く、遠位橈尺関節に不安定性を生じ、手関節に可動域制限と疼痛が発生します。

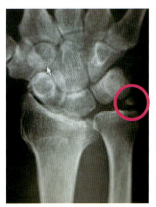

尺骨茎状突起が骨折し、偽関節化しています

XPで尺骨茎状突起骨折・偽関節は診断できますが、TFCC損傷の診断となれば、MRIもしくは関節造影検査が必要となります。

治療は、遠位橈尺関節に不安定性が認められるときは、尺骨茎状突起骨片の固定で対応、TFCC損傷を合併しているときは、関節鏡により縫合が行われています。
骨折・偽関節で痛みが激しいときは、骨片の摘出術が実施されます。

尺骨茎状突起骨折における後遺障害のキモ？

1）手関節の可動域制限は、茎状突起やTFCCの器質的損傷をMRIで立証すれば、認められます。
手関節の機能障害では、常識的には、健側の4分の3以下で、12級6号です。

では、痛みはどうなるの？
痛みの神経症状は、機能障害に含まれての評価ですから、併合の対象ではありません。

2）本件では、尺骨茎状突起骨折、偽関節は認められたのですが、TFCC損傷の合併はありません。
右手関節の機能障害で12級6号、偽関節を立証することで、尺骨の変形障害として12級8号が認定され、併合11級となりました。

3）**橈骨または尺骨の一方に偽関節を残し、物を保持し、移動させるのに、硬性補装具を必要としないものは、長管骨に変形を残すものとして12級8号が認定されるのです。**
これを知らなければ、併合11級にはならないのです。

●神経麻痺の障害

33 肘部管症候群(ちゅうぶかんしょうこうぐん)

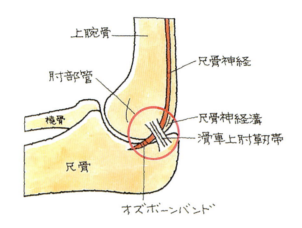

尺骨神経が、肘部管というトンネルの中で絞扼・圧迫されているものです。

肘の内側のくるぶし＝上腕骨内上顆の後ろに、尺骨と滑車上肘靭帯で形成された肘部管というトンネルがあり、このトンネルの中を尺骨神経が通過しています。
トンネル内は狭くゆとりがないため、外傷による打撃、圧迫、引き延ばしで、神経麻痺を発症します。

肘の内側のくるぶしの後ろを叩くと、痛みが指先にひびくチネルサインが陽性となります。
後に説明するフロメンテストも陽性となります。

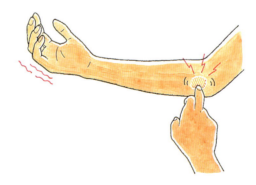

神経伝達速度検査では、神経を電気で刺激したときに、筋肉が反応するまでの時間が長くなります。

肘部管症候群と診断されたときは、できるだけ早期にオペを選択することになります。
オペは、絞扼・圧迫を受けている部位、状況で異なりますが、以下の3つが行われています。
①オズボーンバンド＝腱弓の切開、
②上腕骨内上顆の切除、
③尺骨神経の前方移行術

①②では、オペ後7日間程度、肘が固定されます。
③では、皮下前方移行術で3週間程度、筋層下前方移行術で1カ月前後、肘は固定されます。

34　正中神経麻痺(せいちゅうしんけいまひ)

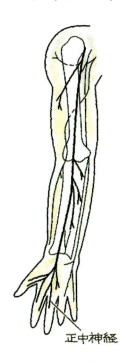
正中神経麻痺

上肢には、腕神経叢から、正中神経、橈骨神経、尺骨神経、3本の末梢神経が走行しています。
各々の神経の走行や支配領域は異なり、どの神経が障害されているかで、症状は異なります。

腕神経叢からはじまった正中神経は、肘の前面を通り、手首のあたりで手根管の中を通過、それぞれ支配する指に枝分かれします。
交通事故では、上腕骨顆上骨折で正中神経麻痺を、橈・尺骨の骨幹部骨折では、前骨間神経麻痺を、手関節の脱臼・骨折、手掌部の開放創では、手根管症候群を発症しています。
同じ正中神経麻痺であっても、損傷を受けた部位で傷病名が変わることがあります。

正中神経は前腕屈筋群と母指球を支配していますので、上腕骨顆上部でこの神経が麻痺すると、手は猿手＝ape hand状に変形をきたします。

正中神経麻痺

正中神経麻痺では、母指球、親指の付け根のふくらみの萎縮が起きます。
そのため見た目が猿の手のように見え、物がつかめなくなります。
母指球が萎縮するので、親指と人差し指でOKサインをしても親指と手のひらが同一平面になり、○ではなく、涙のしずくに似た形となります。

親指〜中指の屈曲障害、祈るように指を組んでも、人差し指・中指が曲がりません。
前腕回内運動が不能となり、肘を直角に曲げた状態で肘と前腕を固定し、手のひらを裏向きに返すことができなくなります。
回内筋近位端部で正中神経が絞扼された場合は、前腕屈側近位部に疼痛が出現します。
前骨間部の神経麻痺は母指・示指・中指の末節の屈曲障害、知覚鈍麻、神経痛性筋萎縮症が認められます。

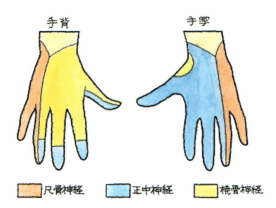

上記の症状を参考にし、Tinel徴候などのテストに加え、誘発筋電図も有効な検査です。
Tinel徴候とは、神経の障害のある部位を叩打すると、その部位より末梢に放散痛が現れることです。

基本的には、以下で説明する手根管症候群の治療と同じです。
高位正中神経障害は、何もしないで数カ月で軽快する場合がありますが、保存的治療で治らないときや麻痺が残ってしまったときは、麻痺した腱に、腱移植を実施、機能回復を図ります。

35　前骨間神経麻痺

前骨間神経は、肘部で正中神経から分岐したもので、親指と人差し指の第1関節を動かす筋肉を支配しています。この部位で損傷を受けると、傷病名は、前骨間神経麻痺と記載されています。

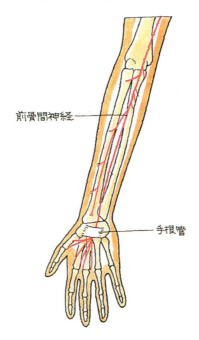

前骨間神経麻痺では、親指と人差し指の第1関節の屈曲ができなくなります。

親指と人差し指で○を作ると、親指と人差し指の第1関節が過伸展となり、○ではなく、涙のしずくに似た形となります。

前骨間神経麻痺は、涙のしずくサインと、感覚障害のないことで診断できます。

確定診断には、針筋電図検査、MRI検査などが必要となります。

36　手根管症候群

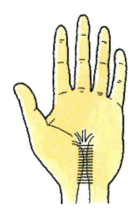

正中神経は、手根関節、手首の関節の手のひら側のくぼみの辺りに存在する手根管靭帯などで形成された、手根管と呼ばれるトンネルを通り、支配する指に枝分かれします。

手根管症候群とは、手根管が障害されたことによる正中神経麻痺です。

手根管症候群の原因は種々ありますが、交通事故では、橈骨遠位端骨折、特にコーレス骨折、月状骨脱臼等により発症しています。

フォルクマン拘縮でも、手根管症候群を発症しています。

示指・中指を中心にしびれ、痛みが出てくるのが特徴で、親指・環指にもおよぶことがあります。

しびれや痛みは就寝後、明け方に出てくることが多く、手首を振ると少し楽になります。

親指の付け根の母指球が痩せ始め、これらの指を使って細かい作業ができなくなり、OKサインもできなくなります。

手のひらの関節部をゴムハンマーで叩くと示指・中指にしびれ、痛みが響きます。

これを、チネルサイン陽性、チネル徴候を示すと言います。

詳細は、正中神経麻痺で説明をしていますが、手は、猿手変形を示します。

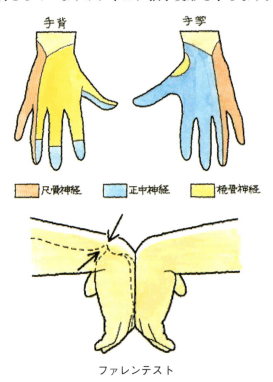

ファレンテスト

両手を上図のような状態で約1分保つと、手根管症候群の場合、正中神経領域にしびれや疼痛を生じます。このテストをファレンテストと言います。

正中神経が手首のところにある手根管というトンネルの中で圧迫されて起こる神経障害で、神経伝導速度や筋電図検査が実施され確定診断が行われます。
軽度のものは保存療法が中心となっています。
手首の安静を保つことが重要で、手首に夜間、装具を装用させ、固定します。
痛みが強い場合は手根管部にステロイド注射が行われます。

保存療法で改善がみられないケース、母指球の筋萎縮が進行する場合は手根管開放術の適用ですが、この手術は局所麻酔下で実施されますので入院の必要はありません。

術後は３週間程度のギプス固定を実施し、手首の安静を保ちます。
最近では、関節鏡下にオペが実施されており、治療期間も短くなっています。

手根管症候群の症状に親指、人差し指、中指腹の知覚異常を説明していますが、親指・人差し指の知覚は、生活の上で重要な働きが認められ、これをカバーするために、小指の神経と皮膚を親指に移植、神経血管柄付き島状皮膚移植がなされることもあります。

正中神経麻痺、前骨間神経麻痺、手根管症候群における後遺障害のキモ？

１）正中神経は、手の鋭敏な感覚と巧緻性をコントロールしています。
正中神経は、親指〜環指母指側２分の１までの、手のひら側の感覚を支配し、前腕部では前腕の回内や手関節、手指の屈曲、そして母指球筋を支配しています。

肘の少し上で正中神経と分かれる前骨間神経は母指の第１関節の屈曲と示指の第１関節の屈曲をする筋肉などを支配しているのですが、皮膚の感覚には影響力がありません。

２）正中神経が、肘の部分で切断・挫滅すると、母指球筋＝親指の付け根の筋肉が萎縮し、手は猿手変形を示し、細かな手作業はできなくなります。
手関節と小指を除く４指の屈曲ができなくなり、前腕の回内運動も不能となります。
重度では、手関節や手指に強烈なしびれ、疼痛を発症します。
手関節の機能障害で10級10号、４の手指の用廃で８級４号、併合７級の認定となります。

３）正中神経が、手関節周辺で切断・挫滅すると、母指球筋が萎縮、手は猿手変形を示し、細かな手作業ができなくなります。
小指を除く４指の屈曲ができなくなり、しびれ、知覚障害、疼痛を発症します。
母指対立運動＝OKサインも不能となります。
４の手指の用廃で８級４号が認定されることになります。

４）尺骨神経麻痺は、絞扼・圧迫された部位により、肘部症候群、ギヨン管症候群と呼ばれていました。
正中神経麻痺も、上記に同じく、絞扼・圧迫された部位により、前骨間神経麻痺、手根管症候群と呼ばれています。ややこしいのですが、医学の決まりなので覚えておく必要があります。

5）これまで、私が注目していたのは、正中神経の切断や挫滅でした。
なぜなら、完全な神経麻痺であり、マイクロサージャリーでも、完全治癒が期待できないからです。
ところが、現実は、前骨間部や手根管部で絞扼・圧迫を受けての神経麻痺が大多数なのです。
であれば、事故後の早期に、絞扼・圧迫をオペで排除してやれば、改善が得られるはずです。
では、医療の現場では、どんな対応がなされているのでしょうか？
正中神経麻痺、前骨間神経麻痺、手根管症候群と診断されていることはマレ、上腕骨顆上骨折、橈・尺骨の骨幹部骨折、手関節の脱臼・骨折、手掌部の開放創などに注目し、神経麻痺を放置していることが圧倒的に多いのです。

無料相談会で相談がなされるのは、受傷から6カ月以上、1年程度を経過しているのが一般的で、絞扼・圧迫を受けての神経麻痺は、とっくに重症化し、陳旧化しているのです。
したがって、追加的な治療は二の次で、現治療先で症状固定とし、後遺障害診断を受けています。

この点、尺骨・橈骨神経麻痺と同じで、被害者との出会いで、後遺障害への対応が変わります。

37 橈骨神経麻痺（とうこつしんけいまひ）

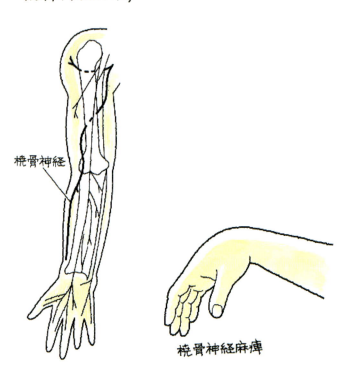

恋人を腕枕にして眠り、夜中に腕がしびれて目が醒めます。
これが一過性の橈骨神経麻痺、覚えがおありですか？
欧米では、この麻痺のことをSaturday night palsy、土曜の夜の麻痺と呼んでいるのです。

橈骨神経は頚椎から鎖骨の下を走行し、腋の下を通過して、上腕骨の外側をぐるりと回り、外側から前

腕の筋肉、伸筋に通じています。橈骨神経は手の甲の皮膚感覚を伝える神経です。

橈骨神経の障害が起こる部位は、3つ、腋の下、Saturday night palsyの原因となる上腕骨中央部、前腕部です。交通事故では、上腕骨骨幹部骨折、上腕骨顆上骨折、モンテジア骨折等で発症、上腕中央部の麻痺が多いのが特徴です。

症状としては、手のひらは何ともないのに手の甲がしびれます。

特に、手の甲の親指・人差し指間が強烈にしびれるのです。

手首を反らす筋肉が正常に働かないので、手関節の背屈ができなくなり、親指と人差し指で物をうまく握れなくなり、手は、下垂手＝drop hand変形をきたします。

橈骨神経の支配領域は、親指〜薬指の手の甲側なので、この部位の感覚を失います。

診断は、上記の症状による診断や、Tinel徴候などのテストに加え、針筋電図も有効な検査です。
患部を打腱器で叩き、その先の手や足に電気が走ったような痛みを発症するかどうかの神経学的検査法をTinel徴候、チネルサインと呼んでいます。

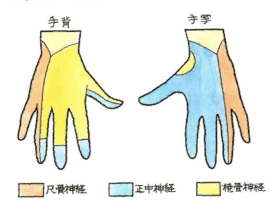

治療ですが、圧迫による神経麻痺であれば自然に回復していきます。

手首や手指の関節の拘縮を防止する観点からリハビリでストレッチ運動を行います。

カックアップやトーマス型の装具の着用や低周波刺激、ビタミンB₁₂の投与が行われます。

カックアップ装具　　　　　　　　　　　トーマス型装具

稀には、末梢神経が骨折部で完全に断裂していることがあります。

断裂では、知覚と運動は完全麻痺状態となり、観血術で神経を縫合することになります。

手術用の顕微鏡を使用し、細い神経索を縫合していくのですから、

手の専門外来のある病院で手術を受けることになりますが、陳旧性、古傷では、予後不良です。

38　後骨間神経麻痺(こうこつかんしんけいまひ)

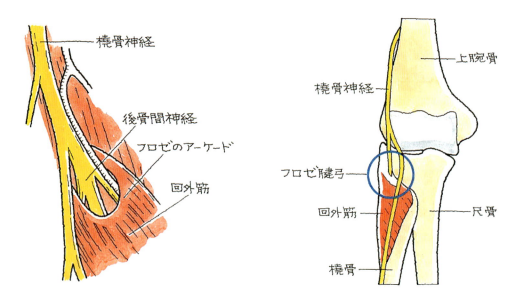

橈骨神経は、肘から先を走行して、前腕部の各筋肉を支配しています。
それらの筋肉は、すべての指を伸ばす、親指を外に広げるなどの働きをしているのです。

後骨間神経は、肘部で橈骨神経から分岐し、フロゼのアーケードという狭いトンネルに入ります。
トンネルの中は、移動性がなく、絞扼、圧迫を受けやすくなっています。
フロゼのアーケードで後骨間神経が絞扼、圧迫を受けると、後骨間神経麻痺と診断されます。

肘から下で、手指の伸展は不能でも、手関節の背屈は可能なのが後骨間神経麻痺です。
後骨間神経麻痺は、下垂手と皮膚の感覚の障害のないことで橈骨神経麻痺と鑑別できます。

後骨間神経麻痺では、下垂指、drop fingerとなりますが、皮膚の感覚障害はありません。
下垂指は、手関節の背屈は可能ですが、手指の付け根の関節の伸展ができなくなり、指のみが下がった状態になり、後骨間神経麻痺は下垂手と感覚の障害のないことで診断できます。
病院での確定診断には、筋電図、XP、MRI検査、エコー検査などが実施されています。

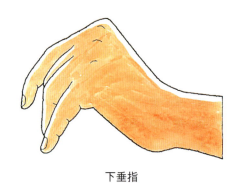

下垂指

※下垂手
手首の背屈と手指の付け根の関節、MP関節＝中手指骨関節が伸展不能で伸ばせなくなり、手首と指が下がった状態になりますが、DIP関節とPIP関節は伸展可能です。

※下垂指
手首の背屈は可能ですが、手指の付け根の関節の伸展ができなくなります。
指のみが下がった状態になるので、下垂指と呼ばれます。

上腕骨骨幹部骨折、橈骨神経麻痺、後骨間神経麻痺における後遺障害のキモ？

1）上腕骨骨幹部粉砕骨折では、偽関節で8級8号を経験しています。
また、保存療法では、上腕骨の変形で12級8号も経験しています。
しかし、一般的な横骨折では、偽関節や肩、肘の機能障害は考えられません。
骨折の形状と骨癒合を検証しなければなりませんが、後遺障害を残す可能性は低い部位です。

2）橈骨神経の断裂による橈骨神経麻痺が認められるときは、神経縫合術よりも、症状固定として後遺障害を申請することを優先してください。
なぜなら、陳旧性の神経縫合術では、完全治癒が期待されないからです。
完全な下垂手では、足部の腓骨神経麻痺と同じで、手関節の背屈と掌屈が不能となり、8級6号が認定されます。
不完全な下垂手でも、10級10号が期待されます。
完全な下垂手が、神経縫合術で不完全な下垂手に改善、10級10号となっても、日常生活の支障に大きな違いはなく、損害賠償金だけが薄められた結果を迎えます。
ここが最大のキモですが、橈骨神経の完全断裂は、極めて少ないことも事実です。

3）陳旧性＝古傷の後骨間神経麻痺では、下垂指により、手指のMCP、MP関節の伸展運動が不能となり、7級7号が認定されます。

神経損傷のあるものでは、神経剥離、神経縫合、神経移植術などが選択され、神経のオペで回復の望みが期待されないときは、腱移行手術が行われていますが、陳旧例では、完全回復が得られません。
したがって、症状固定として、後遺障害の獲得を優先しています。

4）上腕骨の短縮は？
これは、かねてより待ち構えている後遺障害です。
自賠法には、上肢の短縮による後遺障害は規定がなく、短縮障害が後遺障害として規定されているのは、下肢に限定されているのです。
現状では、これを申請してもスルーされます。

しかし、右上腕骨の開放性粉砕骨折で、右上腕骨が3cm短縮するとどうなるのか？
両肘をまっすぐに伸ばして、バイク、ロードレーサーの自転車、スポーツカーの運転はできません。
短縮は、肩関節で補正しなくてはならず、歪んだ姿勢で運転を余儀なくさせられます。
既製服は、スーツ、ワイシャツであっても、すべて直しが必要となります。
これって、立派な後遺障害じゃないの？
自賠法に左右されない裁判所であれば、支障を立証すれば、等級は認定されると考えています。

そんな被害者が、無料相談会に参加されることを、心待ちにしているのです。

39　尺骨神経麻痺

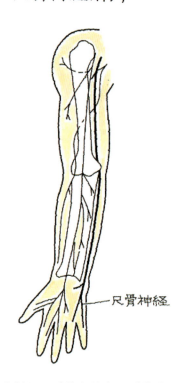

尺骨神経は、腋の下から肘の内側を走行し、手首を越えて手先まで走行、この神経は薬指と小指の知覚と手指を動かす筋肉を支配しています。

肘には尺骨神経溝と線維性腱膜で形成された肘部管があり、この中を尺骨神経が走行しています。
交通事故と尺骨神経との関係は、交通事故により肘関節部の切創・肘部管症候群、上腕顆上骨折、上腕骨内上顆骨折、事故による変形性肘関節症、外反肘、手関節切創などが、尺骨神経麻痺の原因になると考えられています。

※薬指と小指が強烈にしびれる、
※薬指と小指を完全に伸ばすことができない、
※手の筋肉、骨間筋が萎縮、骨がうき出ている、
※肘の内側部分を叩くと過敏なところがあり、小指へ響く痛みがある＝Tinelサイン＋

これらの症状があれば、尺骨神経麻痺を疑ってください。
尺骨神経が圧迫を受けると、薬指と小指がしびれ、手に力が入りづらくなります。
母指内転筋・小指外転筋・骨間筋が脱力し筋萎縮を起こします。
この結果、手は鷲手＝claw hand変形をきたすのです。

● 神経麻痺の障害

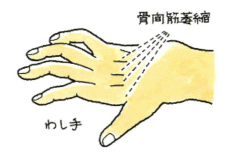

尺骨神経は、薬指と小指の感覚を支配しているので、この部位に感覚障害が生じます。

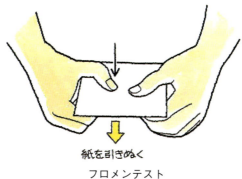

上のイラストのフロメン徴候、Tinel 徴候などのテストに加え、針筋電図も有効な検査です。
尺骨神経麻痺があると、紙が簡単に抜けてしまいます。
この神経が絞扼・圧迫を受けやすい場所は肘と手首です。
肘で発症するのを、肘部管症候群、手首で発症するのを、ギヨン管症候群と呼びます。

40　ギヨン管症候群

尺骨神経が、ギヨン管というトンネルの中で絞扼・圧迫されているものです。
尺骨神経は、頚椎から上腕の内側を走行し、肘の内側を下降し、手首周辺で、有鉤骨の鉤と豆状骨で構成されるギヨン管の中を通過します。

有鉤骨骨折は、「44 手根骨の骨折　有鉤骨骨折」で解説していますが、右手では、環指と小指の中間、下方にある手根骨の1つで、手のひら側に、突起＝鉤が存在する特異な骨です。

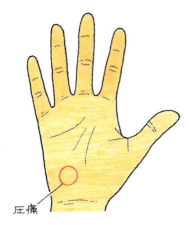
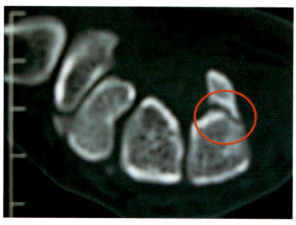

手のひら側の CT 画像ですが、突起＝鉤が骨折しているのが確認できます。

交通事故では、バイクのアクセルを握った状態での出合い頭衝突で、右手に多く発症しています。
自転車、バイクから転倒する際に、手をつくことでも発症しています。

有鉤骨の骨折により、ギヨン管症候群を発症します。

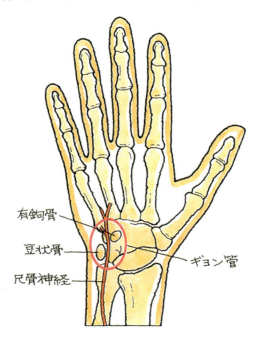

神経伝達速度検査によって病変部位の特定が可能です。
治療は保存的に低周波電気刺激療法やマッサージ、レーザー光線の照射が行われますが、効果が得られないものは神経剥離術、神経移行術が行われます。
これらが不可能なものは腱移植術を行い、装具の着用で機能を補完することになります。
専門医の執刀でなければ、なりません。

尺骨神経麻痺における後遺障害のキモ？

1）私の経験則では、橈骨・尺骨・正中神経麻痺では、圧倒的に尺骨神経麻痺です。
肘部管症候群、ギヨン管症候群の傷病名であれば、尺骨神経が肘部管、ギヨン管のトンネルの中で絞扼・圧迫を受けて神経麻痺を発症しているのであり、この要因を排除してやれば、改善が得られます。
切断や挫滅による神経麻痺であれば、マイクロサージャリーで尺骨神経をつなぐオペとなります。

大多数は、切断・挫滅ではなく、肘部管やギヨン管の中での絞扼・圧迫による神経麻痺となります。
したがって、出会いが早ければ、オペで回復が得られ、神経麻痺の後遺障害を残しません。

2）受傷から6カ月近くを経過しており、切断・挫滅や神経絞扼・圧迫であっても、骨間筋萎縮が認められ鷲手変形をきたしているときは、陳旧性、つまり、古傷となっていますから、この段階から専門医のオペを選択しても、元通りは期待できないのです。

オペを強行しても、本来なら、手関節の屈曲制限で10級10号、親指以外の2の手指の用廃で10級7号、併合9級が認定されるのですが、12級もしくは併合11級レベルに薄められ、損害賠償額は大幅に減額

されるだけの結果となります。
したがって、症状固定を選択、損害賠償を解決してから、オペを着手することになります。
つまり、出会いがすべてを決定づけるのです。

3）最近、外傷性頚部症候群で、肘部管症候群の傷病名が目立ちます。
肘関節部の切創、上腕顆上骨折、上腕骨内上顆骨折、事故による変形性肘関節症、外反肘、手関節切創などの傷病名がなく、外傷性頚部症候群のみでは、事故との因果関係は否定されます。

傷病名が肘部管症候群であっても、神経伝達速度検査や針筋電図検査で立証されていないものがほとんどで、これらは、上肢のしびれの訴えが強いところから、間違った診断をしたものが大多数です。
言ってみれば、整形外科・開業医のレベルでは、神経麻痺の確定診断を苦手としているのです。

4）本来の尺骨神経麻痺であっても、専門医を紹介して対応を委ねる医師は例外的です。
さらに、切断や挫滅した尺骨神経をつなぎ合わせるオペとなると、日本でも、専門医が10名いるか、いないかのお寒い現実です。
そんな、こんなで、後遺障害を確定させることにより、解決を迎えているのですが、見逃されて、知らん顔も、かなりの数、発生しているのです。

立証せざるもの、後遺障害にあらず！　忘れてはなりません。

41　ズディック骨萎縮　Sudeck骨萎縮

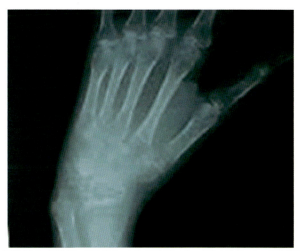

足指の基節骨、末節骨が黒ずんで見えますが、これがSudeck骨萎縮です。

ドイツのズディック外科医が1900年に発表したもので、外傷後の急性反射性骨萎縮のことです。
ズディック骨萎縮は、XPでは、関節軟骨や骨質が保たれたまま高度な骨萎縮が認められます。

受傷後、比較的短期間のうちに関節部の疼痛、関節の拘縮、血行障害を訴え、皮膚に特有の光沢を示します。この特有の光沢を、医学的には浮腫状の腫脹と呼んでいます。

XPで著しい骨萎縮が認められ、手関節、下腿部、踵骨の骨折に好発しています。

要するに、骨梁も骨皮質も薄く、スカスカに写し出されるのです。
このことを、医学では、関節を中心に帯状脱灰現象を認めると言います。

治療は局所の理学療法、痛みを緩和する目的でステロイド剤の内服、血行障害等自律神経障害の緩和を目的とした交感神経節ブロック、交感神経節切断が行われますが、難治性です。

骨折に起因した難治性疼痛は、CRPS　TypeⅡ、カウザルギーが後遺障害等級の対象となります。
大多数のHPでは、これをRSDと説明していますが、それは大間違いです。
X線で見ると骨からカルシウムが抜けたため骨に斑点状に黒い部分が見えます。
詳細は、精神・神経系統の障害、CRPSで説明しています。

42 手の仕組み

手や指は、叩く、擦る、物をつかむ、握る役割を果たしていますが、複雑な人間のからだの中でも特に繊細な構造となっています。

手や指には繊細な知覚があり、さまざまな情報を脳との間でやり取りしています。

複雑な構造をした骨・関節、それを取り巻く筋肉や腱、神経、血管がぎっしり凝縮されているため、ほんの小さな怪我でも、日常生活や仕事上で、大きな支障が出現することが予想されるのです。

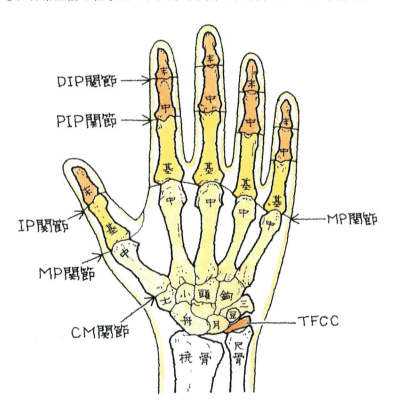

指先から下に、末節骨、中節骨、基節骨、中手骨と言い、親指には、中節骨がありません。

中手骨の下に位置するのは手根骨で、遠位手根列には、大菱形骨、小菱形骨、有頭骨、有鉤骨が、近位手根列には、舟状骨、月状骨、三角骨が配列されています。

手根骨のうち豆状骨は尺側手根屈筋腱の中にある種子骨です。

具体的には、橈骨と尺骨および8つの手根骨で構成される手関節、指には24の関節など、多数の関節を有しており、手の骨は、8つの手根骨、5つの中手骨、5つの基節骨、4つの中節骨、5つの末節骨、合計27本の骨で構成されています。

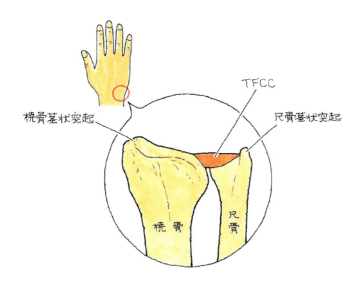

さらに、手関節の尺側には、TFCC＝三角線維軟骨複合体が存在し、手首の骨を支え、手首の外側の衝撃吸収作用の役割をしています。

43　右手首の腱鞘炎と前腕部の炎症

ヤンキースは、4/28、田中将大投手の 15 日間の DL リスト入りを発表しました。
右手首の腱鞘炎と右前腕部の軽い張りとの診断で、2014 年に故障した右肘に異常は見られないとのことで、その通りであれば、不幸中の幸いです。
今後 7 〜 10 日間は、ノースロー調整を行い、復帰には 1 カ月の見込みです。

※ DL　Disabled List　メジャー公認の医師が、怪我で試合出場が困難と診断した選手を登録するリスト

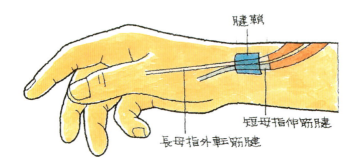

※腱鞘　腱が通るトンネル
※長母指外転筋腱　親指を伸ばす働きをしています。
※短母指伸筋腱　親指を広げる働きをしています。

（1）ド・ケルバン病
右手首の腱鞘炎で代表的なものは、ド・ケルバン病です。
ド・ケルバン病は、長母指外転筋腱と短母指伸筋腱が、腱が通過する腱鞘で狭窄された状態です。
腱鞘、腱が走行するトンネルが炎症し、トンネルの空間が狭められて腱の滑走が妨げられるのです。

症状は、手首の腫れ、しびれ、多少の熱感があり、親指を動かすときに痛みが生じ、物をつまんだり持ち上げたりすることが困難になります。
スポーツでは、テニスをしている人に多く、中年の女性に多いと報告されています。

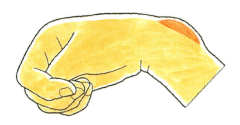

親指を曲げ、グー状態で小指側に手首を曲げると激痛が走るフィンケルシュタインテストにより、診断されています。

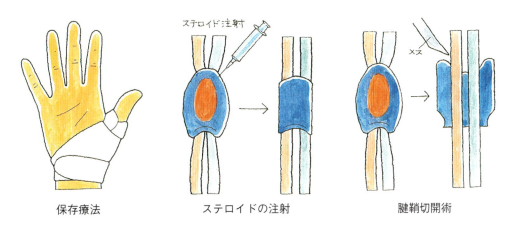

保存療法　　　　　ステロイドの注射　　　　　腱鞘切開術

治療は、
安静下で、軟膏で炎症を抑え、装具による固定を行うもの、
腱鞘内にステロイド注射を行い、装具で固定するもの、
局所麻酔により、皮下腱鞘の切開を行う、日帰り手術となるもの、
治療は、上記の3種類で、常識的には、後遺障害を残しません。

腱鞘炎を放置した結果、症状が悪化すれば、最悪では、筋肉が拘縮し、手首や指を動かすことができなくなり、局所麻酔による皮下腱鞘の切開では済まなくなり、直視下のオペとなります。
後遺障害を残すのは、こんなケースに限られます。

(2) ばね指

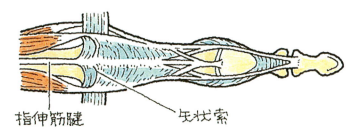

指伸筋腱　　　　矢状索

ご自身の右手の甲を観察してください。
手指を伸ばすと、手の甲側に、筋状のものが浮き上がります。
浮き上がった筋状の組織を伸筋腱と呼び、指を伸ばす役割を果たしているのです。

ところが、右手で拳を作ると、伸筋腱が浮き上がってくることはありません。
これは、腱鞘が、腱の浮き上がりをコントロールしているからです。
ところどころにある腱鞘の中を腱が通り、腱の走行を安定させて、筋肉の力を骨に伝えています。
手のひら側にも屈筋腱が存在しているのですが、手のひらが厚く、屈筋腱は観察できません。
手の甲と同じく、各関節に腱鞘があり、腱が浮き上がるのを抑えています。

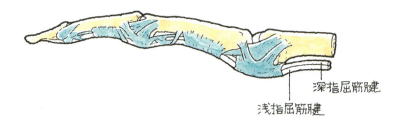

ヒトは、指を曲げて物をつかみ、押す作業を繰り返しており、腱と腱鞘は、こすれあっているのです。
手を使い過ぎると、腱鞘の内側の柔らかい膜、滑膜が炎症を起こし、痛みや運動障害を起こします。
これが腱鞘炎と呼ばれるものです。

ばね指は、指を伸ばす際に、バネが弾かれたような動きをするところから名付けられています。
ばね指も腱鞘炎の1つで、弾撥指（だんぱつし）とも呼ばれています。
指の曲げ伸ばしがスムースでなくなり、指を伸ばすときに、引っかかりを生じるようになります。
痛みは、指の付け根に感じることが多く、親指、中指に多発しています。
さらなる悪化では、引っかかりにとどまらず、指を伸ばすことができなくなります。

腱鞘が肥厚して、腱鞘の中の腱が滑走できなくなる？
腱鞘炎とは、刀の鞘が詰まって、剣を抜くことができなくなる状態と覚えてください。

田中将大投手の右手首腱鞘炎が、いずれに該当するのか、新聞記事では不明ですが、1日も早く回復され、白人・黒人の大男から、三振の山を築くことを願うばかりです。

44　手根骨の骨折　有鈎骨骨折（ゆうこうこつこっせつ）

有鈎骨骨折（ゆうこうこつこっせつ）と読みます。
鈎骨折（こうこっせつ）とも呼ばれ、右手では、環指と小指の中間、下方にある手根骨の1つで、手のひら側に、突起＝鈎が存在する特異な骨です。

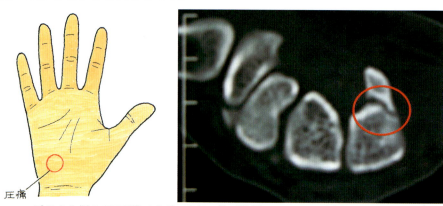

手のひら側のCT画像ですが、突起＝鈎が骨折しているのが確認できます。

交通事故では、バイクのアクセルを握った状態での出合い頭衝突で、右手に多く発症しています。
自転車、バイクから転倒する際に、手をつくことでも発症しています。

交通事故以外では、ラケットやバット、ゴルフのグリップを振ることで、有鉤骨骨折が発生しています。
ズレのない骨折では、6週間前後の前腕部以下のギプス固定が行われ、ズレ＝転位の大きいときは、骨折している鉤の切除が実施されています。
切除術では、1週間の外固定で、手が使用できますが、スポーツの開始は、4週間以降となります。

有鉤骨骨折における後遺障害のキモ？

1）スポーツでの骨折なら、一般的には、後遺障害を残しません。
スポーツに伴う有鉤骨骨折では、ギプス固定であっても切除術であっても、後遺障害を残すことなく治癒しています。

2）ところが交通事故では、衝撃力、破壊力が、スポーツとは段違いです。
骨折部の痛みが長期に続くことが予想されます。
骨折部の変形を3DCTで立証し、神経症状で、12級13号、14級9号の獲得をめざしています。
少数例ですが、手関節の可動域制限で12級6号も経験しています。

3）専門医の受診が急がれます。
手根骨の骨折で共通することは、主治医がこれを見逃すことが多いことです。
受傷直後から骨折部に痛みや動作痛が発生するのですが、いわゆる激痛ではありません。

訴えが乏しいことに加えて、XP撮影であっても、2方向からでは確認することができません。
「しばらく様子を見ましょう？」ズルズル4カ月を経過したが、痛みが引かない？
この頃になって、慌てて専門医を受診、幸い、骨折が発見されても、後の祭りです。

どうして？　損保料率機構調査事務所が、本件事故との因果関係を疑問視するからです。
主治医に期待できないときは、さっさと専門医を受診しなければなりません。

45 手根骨の骨折　有頭骨骨折(ゆうとうこつこっせつ)

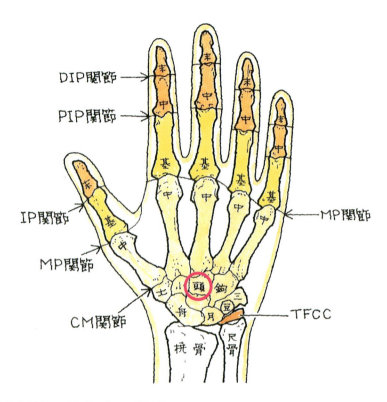

有頭骨とは、中指の中手骨の真下にある手根骨の1つで、右手では有鉤骨の左横に位置しています。
交通事故では、転倒した際に手をつく、あるいは、直接の打撲で骨折することが多く、自転車やバイクの事故で複数例を経験しています。
有頭骨の骨折では、手首の可動域制限と運動時の疼痛を残すことが予想されます。

有頭骨骨折における後遺障害のキモ？

1）早期に、画像で立証された確定診断に漕ぎ着けること、
手根骨は8つの骨で構成されているのですが、交通事故では、舟状骨、月状骨、三角骨、豆状骨、有鉤骨、有頭骨で骨折が多発しています。
これらの複数が骨折・脱臼していることもあります。
被害者からは、激痛の訴えがなされることが少なく、XPでは確認しにくいのを特徴としています。

訴えに乏しく、初診のXPで確認されないまま、3、4カ月が経過すると、その後に骨折が発見されても、損保料率算出機構調査事務所は本件事故との因果関係を疑い、これを被害者側で立証できないときは、骨折が認められているのに、非該当となり、泣いても泣ききれない立場に陥ります。

見逃さないようにするには、早期、受傷2カ月以内に、交通事故無料相談会に参加するか、手の外科専門医を探し出して、受診しなければなりません。
専門医であれば、CT、MRIを駆使し、手根骨の骨折、脱臼の確定診断が可能です。
参考までに、日本手外科学会のホームページでは、全国の専門医が紹介されています。
http://www.jssh.or.jp/

2）近年、手根骨の骨折に対しては、積極的に手術による固定が実施されています。
しかし、骨折の形状、合併症状から、手術でどこまで改善するのかを検証しておく必要があります。
固定術を受けた結果、手関節の可動域が背屈60°、掌屈80°となれば、運動制限による支障が認められるのに、4分の3を超えており、機能障害としての12級6号は非該当になります。
骨折部の変形癒合を立証し、痛みを訴えても、神経症状で14級9号がやっとです。

3DCT画像、症状と支障の実態を検証した上で、症状固定を優先させることも十分予想されます。
医師では想定できない領域で、ここが後遺障害の奥の深いところです。

46　手根骨の骨折　舟状骨骨折（しゅうじょうこつこっせつ）

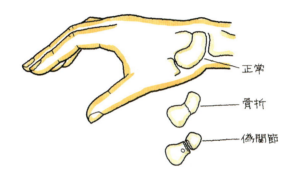

舟状骨（しゅうじょうこつ）は親指の付け根に存在しています。
プロは、親指の付け根が痛んだら舟状骨骨折、小指の付け根が痛んだらTFCC損傷を疑います。
転んで手のひらを強くつくと、手関節を構成する手根骨の1つ、舟状骨が骨折することがあります。
交通事故では、自転車とバイクの運転者で、数多くを経験しています。

舟状骨は手関節にある8つの手根骨の1つで親指側にあり、手根骨の中でも重要なものの1つです。
船底のような彎曲をしているので船のような形の骨ということで舟状骨と呼びます。
舟状骨は、親指の列にあり、他の指の列とは45°傾斜して存在しています。
そのため舟状骨の骨折は、通常のXPでは骨折は見えにくく、見逃されることが多いのです。
XPよりも、CTが診断には有用です。

舟状骨は血液の流れが悪いため、骨が付きにくい、偽関節になりやすい特徴があります。
骨折と骨の血行状態を知るには、MRIが役立ちます。

舟状骨骨折における後遺障害のキモ？

1）放置しておくと、因果関係ではねられる？
症状は、手関節を動かすと痛みが強く、手のひらの親指側を押すと痛みが出現、握力は低下します。
ところが、耐えられない激痛ではなく、医師に与えるインパクトは弱いのです。
「しばらく様子を見ましょう？」専門医でなければスルーされるのが一般的です。

4、5カ月を経過し、手の専門外来を受診、舟状骨骨折と診断されても、損保料率算出機構調査事務所は、本件事故との因果関係を疑うのです。

初診時のカルテに、右手打撲などの傷病名がなく、自覚症状の記載もなければ、お手上げです。

骨折が発見されているのに、因果関係が否定され、非該当とされるのです。

受傷後、手首の痛みが、なかなかとれないときには、急いで専門医を受診しなければなりません。

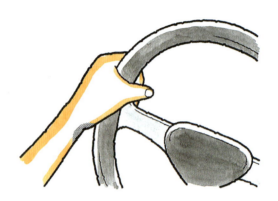

2）さて、症状固定、手術、どっち？

受傷直後に手術を受けたものは、6カ月後の残存症状で後遺障害を申請することになります。

骨折部に痛みを残しており、変形骨癒合が確認できれば、14級9号の認定となります。

さて、一般的には、ギプス固定で保存的に治療が行われます。

この骨折の固定期間は、6～10週間と長期間となるため、手関節の装具をつけることもあります。

ところが、保存的に治療しても、XPで骨の吸収が強く、骨片がズレているものは、「偽関節となるので、手術で固定しましょうか？」こんな議論が湧き上がってくるのです。

6カ月の時点で、12級6号に該当する機能障害を残していれば、後遺障害の申請を優先しています。

地裁基準による等級別損害賠償額の比較　（単位　万円）			
等級	後遺障害慰謝料	逸失利益	合計
14級9号	110（40）	185（65）	295（105）
12級6号	290（100）	947（518）	1237（618）

男性35歳、基礎年収480万円で積算したものです。
（　　　）は、保険屋さんが提示したショボイ積算です。

保険屋さんなら、105万円、12級6号でも618万円がやっとです。

弁護士が交渉することにより、14級9号でも295万円、12級6号であれば1237万円となります。

12級6号が予想されるときは、症状固定として、後遺障害を優先しなければなりません。

47　手根骨の骨折　月状骨脱臼

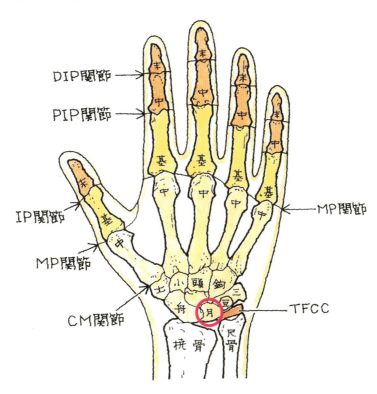

手首の付け根の骨は手根骨と呼ぶのですが、8個の小さな手根骨で構成されています。
これらの手根骨は2列に並んでおり1列目は親指側から、舟状骨・月状骨・三角骨・豆状骨、2列目は、大菱形骨・小菱形骨・有頭骨・有鉤骨と呼びます。
これらの手根骨はお互いに関節を作って接しており、複雑な靭帯で結合されています。
月状骨は、右手の背側では、舟状骨の右隣、有鉤骨の下部に位置しています。

手根骨脱臼は、月状骨が圧倒的で、月状骨周囲脱臼と呼びます。
手のひらをついて転倒した際に、月状骨が、有頭骨と橈骨の間に挟まれてはじき出されるように、手のひら側に転位・脱臼します。月状骨と橈骨の位置関係は正常ですが、月状骨とその他の手根骨との関係が異常となり背側に転位するもので、しばしば見逃されるので、注意しなければなりません。
月状骨周辺の橈骨遠位端骨折、舟状骨骨折を伴うこともあります。

疼痛、運動制限、圧痛、腫脹を発症、脱臼した月状骨が手根管に圧迫や突出したときは、手根管症候群を生じることがあります。
単純XPの側面画像で、月状骨が90°回転しているのが分かります。
徒手整復が治療の中心ですが、整復できないケース、再発予防・手根管症候群予防の必要から、手術を選択、靭帯の縫合なども実施されています。

近年、手根不安定症の発症を防止する観点から、手根骨間の徒手整復経皮的ピンニング＝切開をしないで徒手で転位した手根骨を整復、皮膚の外からワイヤーで固定する方法、観血的靭帯縫合＝切開手術で転位した手根骨を整復し、ワイヤーで固定、損傷した靭帯を縫合する方法、これらが積極的に実施されています。

月状骨脱臼における後遺障害のキモ？

1）見逃されることが多いので注意しなければなりません。
手根骨は8つの骨で構成されており、交通事故では、舟状骨、月状骨、三角骨、豆状骨、有鉤骨、有頭骨で骨折が多発しています。
手根骨の骨折では、「主治医が見逃してしまう？」これが共通した問題点です。
ともかく、2方向のXPでは判断がつかず、そして、主治医がCTやMRIの撮影を決断するほどの強い痛みの訴えがなされないことが、見逃される原因となっています。
なんども繰り返してきましたが、ジクジクする痛みが軽減することなく続くのであれば、受傷2カ月以内に専門医を受診することです。

2）症状固定は無料相談会の出会いで決まります。
先日の交通事故無料相談会では、受傷から6カ月を経過した被害者が参加され相談を受けました。
受傷2カ月目に専門医を受診、傷病名は右舟状骨骨折、右月状骨周囲脱臼となっています。

元の病院に戻り、保存的にギプス固定がなされたのですが、右舟状骨はやや偽関節、右月状骨脱臼も少し飛び出しており、骨折部の痛みと右手関節の可動域制限を訴えています。

部位	主要運動			参考運動	
手関節	背屈	掌屈	合計	橈屈	尺屈
右	40°	45°	85°	10°	25°
左	70°	90°	160°	25°	55°

早速、左右手関節の可動域について、計測を行いました。
右手関節の可動域制限は、健側160°に対して患側が85°で2分の1＋5°のレベルです。
ところが、掌屈と参考運動は、右がいずれも2分の1以下となっています。
右舟状骨は偽関節であり、右月状骨は脱臼が完全に整復されていません。
認定基準では、「主要運動のいずれかが2分の1＋10°であっても、参考運動のいずれかが、2分の1以下に制限されていれば、10級10号を認定する。」と明記されています。
つまり、本件では10級10号が認定されるのです。

主治医は、手関節の軟性装具の使用で様子を見よう、専門医は手術を検討されるべきと説明しているのですが、私は、迷うことなく、症状固定を提案しました。

地裁基準による等級別損害賠償額の比較　（単位　万円）			
等級	後遺障害慰謝料	逸失利益	合計
10級10号	550（200）	2048（1615）	2598（1815）

男性35歳、基礎年収480万円で積算したものです。
（　　）は、保険屋さんが提示したショボイ積算です。

現在、保険屋さんとは示談交渉中ですが、後遺障害部分の請求は、2598万円となっています。

48　手根骨の骨折　舟状・月状骨間解離

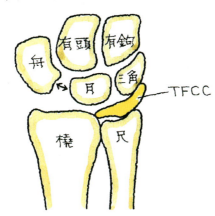

舟状・月状骨間靭帯が舟状骨の靭帯付着部で断裂して発症します。
舟状・月状骨角は、正常では30～60°ですが、70°以上となると手根背屈変形、舟状・月状骨間解離となり、XP手関節正面像では、舟状骨と月状骨の間が2mm以上の間隙が認められます。

治療は、受傷後の早期では、手根骨の配列を整復、Kワイヤーで6週間、その後装具を6週間装着することになり、このレベルでも、職場復帰には、6カ月を要します。
受傷後かなり経過しているときは、舟状骨を周囲の手根骨と固定する手術が実施されます。

49　手根骨の骨折　三角・月状骨間解離

手関節の疼痛、可動域制限などがあり、月状骨と三角骨のある尺側部分に圧痛点が見られます。
XPの舟状・月状骨角は20°以下で手根掌屈変形が認められます。
XP、手関節正面像では、月状骨と三角骨の骨間に間隙が存在します。
月状骨が橈骨の月状骨窩から外れ、尺側に偏位することがあり、これを手根尺側偏位と言います。

後遺障害等級は、手関節の機能障害で12級6号が認定されています。
当然に、受傷後6カ月で症状固定としなければなりません。

舟状・月状骨間解離、三角・月状骨間解離における後遺障害のキモ？

1）通常のXPでは見逃されることが多く、ジクジクした痛みが続くときは、専門医によるMRI、各種ストレス撮影や関節造影検査などで立証しなければなりません。

2）主治医に紹介状をお願いする？　それは、あまりにナンセンスです。
なぜなら、主治医をヤブ呼ばわりしていることを意味するからです。
優秀な整形外科医であれば、診断に自信が持てないときは、知り合いの専門医に対して紹介状を発行、受診を促しています。
主治医から紹介状が手渡されたのであればともかく、被害者自らが、これをお願いしてはなりません。

MRIの撮影をお願いするときでも、「仲良くしている保険屋さんが、MRIの画像所見が決め手になるから、先生に撮影をお願いしてくださいと言われています。先生、MRIの撮影依頼を宜しくお願いします。」こう言えるのは、賢い被害者です。

「先生、MRIの撮影をしてください！」これを聞いた医師は、カチンと来るのです。
なぜなら、その必要性を判断するのは医師の仕事であるからです。
ものは言いようで決まるのです。
ですから、賢い被害者を演じなければなりません。

3）治療費が心配で、保険屋さんに任意一括を依頼する？　これもナンセンス、非常識です。
保険屋さんは、ビジネスとしてあなたに対応しているだけです。
あなたの立場に立って、いろいろ考えているのではないのです。
健保の適用で、30％を自己負担とし、さっさと受診すればいいのです。

50　キーンベック病＝月状骨軟化症（げっじょうこつなんかしょう）

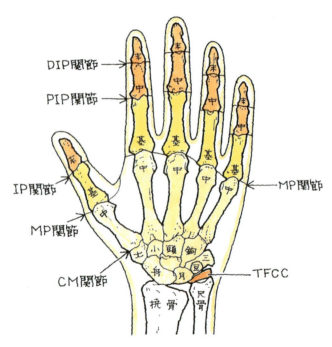

キーンベック病は、月状骨無腐性壊死・月状骨軟化症とも呼ばれており、外傷後だけでなく、振動ドリル等で手を酷使する人、大工、農林漁業などで、手をよく使う人にも発症しています。

月状骨は、周囲が軟骨に囲まれており、血行に乏しく、容易に壊死するのです。
交通事故では、前腕骨、橈骨、尺骨の脱臼や骨折により、2つの骨のバランスが崩れ、手関節内で月状骨にかかる圧力が強くなり、二次的障害として発症しています。
また、月状骨の不顕性骨折を見落としたことで、キーンベック病を発症することも予想されます。
専門医でなければ、検査をすることもなく、「腱鞘炎でしょう？」と放置されることも多いのです。

症状は、手首の疼痛、痛みを原因とした手関節の可動域制限、握力の低下です。
月状骨がつぶれる外傷で、初期では、血行不良により、XPやMRIで月状骨の輝度変化が出現します。
末期には、無腐性壊死となり、つぶれて扁平化します
軽症では、サポーターの装着や、手を休ませることで、改善が得られます。
重症例では、橈骨、尺骨のバランスを整える骨切り術が行われています。

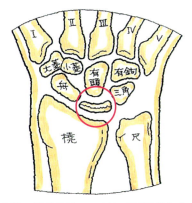

末期の月状骨は、つぶれて扁平化します

キーンベック病＝月状骨軟化症における後遺障害のキモ？

1）専門医が適切に対処したときは、後遺障害を残すことなく、改善が得られています。

2）症状を訴えても、「腱鞘炎でしょう？」検査もしないで放置された？
XP検査は実施したが、MRIの撮影を怠り、月状骨の不顕性骨折を見落とした？
これが、治療現場で最も多く見られる常識なのです。
ですから、ほとんどで、後遺障害は残るのです。

3）経験則では、手関節の可動域制限で12級6号が認定されています。
手関節の可動域が2分の1以下に制限されたときは、10級10号の認定を受けてから、骨切り術を検討することになります。

51 手根骨の骨折　手根不安定症（しゅこんふあんていしょう）

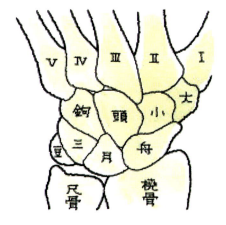

手根骨脱臼・骨折に伴う、外傷性の二次性疾患のことです。

手根骨は2列に配列された8つの小さな骨が関節と靭帯で結合して構成されているのですが、それぞれを連結する靭帯が断裂あるいは弛緩することにより、発症します。

手関節の可動域制限、運動時痛、握力の低下、有痛性のクリック音などの症状をもたらす一種の症候群を手根不安定症と言います。

やはり、通常のXPでは見逃されることが多く、専門医によるMRI、各種ストレス撮影や関節造影検査などで立証しなければなりません。

手根不安定症における後遺障害のキモ？

本来の捻挫とは、靭帯、半月板、関節包、腱などの軟部組織の部分的な損傷のことです。
今でも、XPで骨折や脱臼が認められないものは単なる捻挫の扱いで、治療が軽視されています。

確かに、数週間の安静、固定で治癒するものが多数であることも事実ですが、不十分な固定、その後の不適切なリハビリにより、部分的な損傷が完全な断裂に発展することや、本当は、完全に断裂していて、手術以外の治療では、改善が得られない見落としも発生しています。

いずれも、初期に適切な治療が実施されなかったことを理由として、不安定性を残し、痛みや握力の低下などの後遺障害を残したことになります。

手がジクジク痛み、握力が低下しているときは、受傷から2カ月以内に、専門医を受診することです。

「時計屋はちゃんと修理してお金を取るが、医師は修理できなくてもお金を取る？」
マーフィーの法則ですが、交通事故では、大きな衝撃が働き、不可逆的な損傷をきたすこともあります。

となれば、修理できないのは不可抗力であって、時計屋さんと同一視はできないのです。
医師の治療に文句をたれる暇があったら、良い医師を積極的に探せばいいだけのことです。

52　手根骨骨折のまとめ

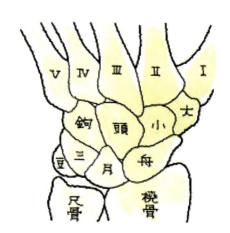

●手・手根骨・手指の障害

交通事故における手の外傷は、高頻度で発生していますが、疼痛、変形、腫れなどの症状が軽いと診察されたときは、捻挫、打撲、挫傷などと断定、放置されるか、十分な治療が行われていません。
脱臼、亜脱臼であっても、整復が完了すると、その後のフォローもなく、放置されることが多いのです。

受傷直後、比較的症状が軽いと診察され、その後も漫然治療に終始した結果、保険屋さんが治療の打ち切りを決断した頃になって、無料相談会で後遺障害を相談されることが目立ちます。
これでは、いかにも手遅れ、後の祭りとなります。

手根骨骨折における後遺障害のキモ？

1）よく目にする3つのパターン
①救急搬送された治療先で、手の専門医が診察したときは、先の異常を見逃すことはありません。
的確な画像検査で、骨折、脱臼、靭帯損傷が発見され、手術等、タイムリーな治療が開始されます。
となると、大きな後遺障害は期待できません。
しかし、劇的な改善で早期の社会復帰が実現できたのですから、これはこれで理想的な解決です。
でも、これは、ゴクゴク少数例なのです。

②手の痛みを訴えても、もう少し様子を見ましょうと、主治医から相手にされないとき、被害者のとるべき行動は、まっしぐらに専門医を受診することです。
これを、受傷から2カ月以内に実行する被害者は勝ち組、適切な治療が実施され、大きな後遺障害を残すことなく、早期社会復帰が実現できるからです。

③最悪なのは、ダラダラと意味のない治療を続け、保険屋さんから治療の打ち切りを打診された頃に、モゾモゾ動き出す被害者は負け組となります。
この段階で骨折が発見されても、損保料率算出機構調査事務所は、被害者に対して、本件事故との因果関係の立証を求めることになり、立証ができなければ、非該当になるのです。

2）分からないときは、早期に、私どもの交通事故無料相談会に参加することです。
XP、CT、MRIの画像が読影でき、医療と弁護士のネットワークを完成させているのは、当事務所の最大の特徴です。

相談会では、まず、被害者自身で、どうやって解決すべきかを懇切丁寧にお教えします。
とても、自分だけではできない？　であれば、チーム110が治療先へ同行して、アシストに入ります。
その後は、弁護士が火の玉となって、地方裁判所支払基準による損害賠償を実現します。
交通事故110番は、完璧なスキームで被害者救済を実現しているのです。

3）被害者のめざすべきは、早期社会復帰です。
交通事故では、予想を上回る衝撃を受けた結果、不可逆的な損傷を被ることがあります。
早期に専門医を受診しても、全員が後遺障害もなく治癒するのではありません。
ときには、後遺障害により、その後の社会生活で重大な支障を残すこともあります。
しかし、治療先の選択が正しければ、納得のできる治療と早期の社会復帰が実現できるのです。

無料相談会では、ムチウチで6カ月も仕事を休んだ？
骨折後の遷延治癒で2年になるのに社会復帰が実現できていない？
こんな相談を受けることもあります。
これらの被害者が交通事故で失った社会的信用は、もう取り返すことができません。
怪我をしたことは、加害者の不注意であったとしても、治すのは被害者の責任であることを忘れてはなりません。

53　手根骨の骨折　TFCC損傷

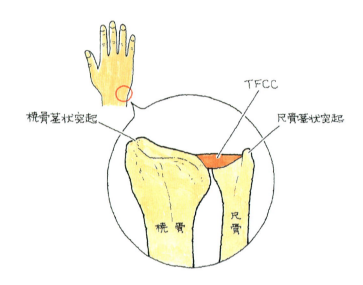

TFCC　Triangular Fibrocartilage Complex　三角線維軟骨複合体は、手関節の小指側、橈骨・尺骨・手根骨の間に囲まれた三角形の部分にあり、橈尺骨のスタビライザーの役目、回内・回外時の尺骨遠位端のクッションやベアリングとして働いています。

TFCCは、関節円板と言われるもので、骨では硬すぎるので、成分は、三角線維軟骨複合体、膝の半月板に相当する軟骨組織です。
交通事故で転倒した際に、手をつくことで多発しています。

覚えることはありませんが、TFCCは、尺骨三角骨靭帯、尺骨月状骨靭帯、掌側橈尺靭帯、背側橈尺靭帯、関節円板、尺側側副靭帯、三角靭帯の複合体です。

現在では、専門医であれば、治療法は確立されています。
TFCC損傷と診断されたときは、受傷直後は、安静、消炎鎮痛剤の投与、サポーターやギプスなどを用いて手関節を保存的に治療します。
この治療で70％の被害者に改善が得られています。
サポーターやギプスによる固定療法は、原則として3カ月であり、3カ月が過ぎても症状が改善されないときは、手術が適用されています。

多くは、関節鏡視下手術により、損傷等した靭帯やTFCCの縫合・再建術や滑膜切除術が実施されて

いますが、TFCCの損傷レベルによっては、切開手術となります。
尺骨突き上げ症候群によりTFCCを損傷しているときは、尺骨を橈骨と同じ高さにする尺骨短縮術が行われており、これは、切開手術です。

高齢者では、TFCCが摩耗しているために、手術が不可能なこともあります。
手関節にステロイド注射を行う治療法もありますが、関節内にステロイドを注入すると軟骨を痛めることがあり、MRIで十分に評価をした上で注入されています。

TFCC損傷における後遺障害のキモ？

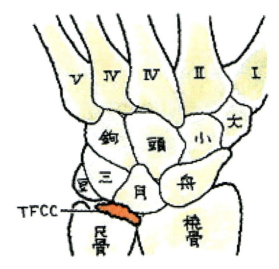

1）サラッと流してきましたが、事故直後にTFCC損傷と診断され、サポーターやギプス固定、さらには関節鏡視下手術により改善が得られる被害者は、現実問題として一握りです。

TFCCは三角線維軟骨複合体であり、XPで確認できません。
TFCC損傷以外に、頚部捻挫があれば、上肢～手指のだるさ、しびれ、痛みを訴える被害者もいます。
いつものパターンで、「もう少し、様子を見ましょう？」で、スルーされるのです。

2）スルーされたまま、それでも、痛みと手関節の可動域制限、握力の低下を訴えて、メール相談や無料相談会に参加されるのです。
私が注目するのは、受傷直後から小指側の手首の痛み、手関節の可動域制限、握力低下を主治医に訴えていたのか？　この一点です。
これらの自覚症状がカルテに記載されていれば、TFCC損傷を立証すれば、間に合います。
記載がなくても、2カ月であれば、主治医も修正に応じてくれる可能性があります。

しかし、4カ月以上が経過していれば、もう、なんと主張しても、全滅です。

最近も、名古屋地裁でTFCC損傷と交通事故の因果関係が否定されました。
初診から4カ月通院した整形外科のポンスケ医が、頑としてTFCC損傷を否定したからです。
損保料率算出機構調査事務所も、因果関係で非該当としています。
被害者の強い要望で訴訟提起したのですが、せっかく立証しても、挫折感が大きく落ち込んでいます。

3）日本手外科学会でも、鏡視下での手術は高度な技術が要求されること、そして、TFCC損傷の手術を行える専門医が少ないことを問題提起しています。
そこで、TFCC損傷の第一人者を、勝手に紹介しておきます。

名称　山王病院
所在地　東京都港区赤坂 8-10-16
TEL　03-3402-3151
医師　中村　俊康　整形外科部長

名称　水町クリニック
所在地　新宿区西新宿 2-7-1 小田急第一生命ビル 3F
TEL　03-3348-2181
第1月曜日　17：30 ～ 19：00
中村　俊康　医師が診察されています。

名称　新橋八九十会クリニック
所在地　東京都港区新橋 4-9-1　新橋プラザビル 2 階
TEL　03-3434-1114
山口　利仁　理事長

いずれも慶応大学医学部卒の高名な整形外科医です。

4）TFCC損傷が疑診される被害者は、受傷2カ月以内に受診してください。
専門医が卓越した技術で手術をするにしても、受傷から5、6カ月を経過すれば、損傷は陳旧化しており、劇的な改善は得られません。

残念ですが、症状固定を選択し、手関節の可動域制限で12級6号を確定させます。
示談締結後、仕事上で大きな支障が認められるときは、健保適用で手術を受けることになります。
可動域制限は改善しますが、痛みの軽減はありません。

54 手指の各関節の側副靭帯損傷

親指MP関節尺側側副靭帯の損傷＝スキーヤーズサム

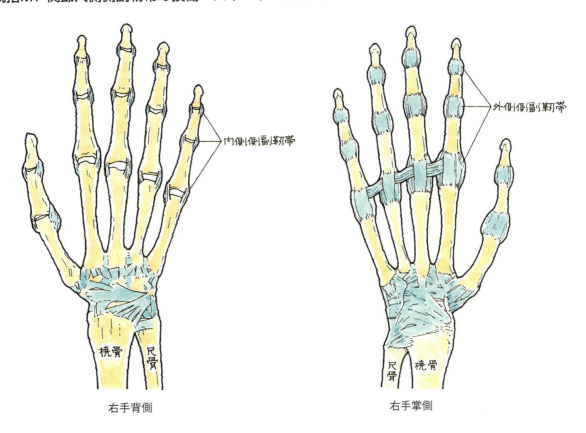

右手背側　　　　　　　　右手掌側

手指関節の両側には、関節の側方への動揺性を制御し、横方向に曲がらないようにしている側副靭帯という組織があります。側副靭帯は転倒などで、側方への強い外力が加わったときに損傷します。
受傷直後に適切な治療を行わないと、側方へ指が曲がる、力が入らないなど、不安定性を残します。
母指MP関節尺側側副靭帯の損傷が好発部位です。

スキーの滑降で、ストックを使用しているときに発症することが多く、この傷病名となっています。
母指第2関節の尺側の側副靭帯が断裂するもので、完全断裂のときは、ギプス固定を行っても治癒することはありません。
最初からオペの選択となり、専門医の領域です。

不安定性が少ないときは、2〜4週間のギプス固定で、その後、徐々にリハビリが開始されます。
XPで異常が確認されないときでも、一定期間の外固定は必要となります。
それでも、不安定性が改善されないときは、手術が選択されます。

母指MP関節尺側側副靭帯損傷では、靭帯の断端が反転して、母指内転筋腱膜の下に挟まってしまう、ステナー障害を発症する可能性が高く、そうなると、治癒不能の状態が起こり、オペが必要です。

受傷後早期では、靭帯縫合術が、完全断裂で3週間以上が経過したときは、断端どうしを縫合することが困難となり、側副靭帯再建術が必要となることが予想されます。

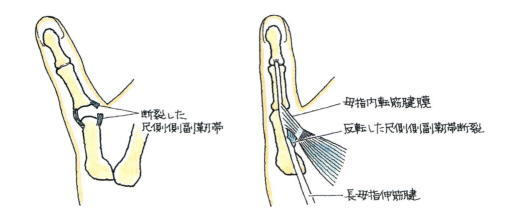

55 手指伸筋腱損傷（しんきんけんそんしょう）

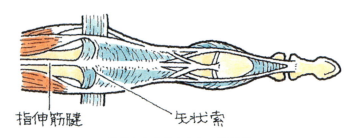

指を上から見たときの解剖図

伸筋腱が断裂すると、筋が収縮しても、その力が骨に伝達されることはなく、手指を伸ばすことができなくなります。切創や挫創による開放性損傷と、創がなくて生じる閉鎖性損傷、皮下断裂があります。皮下断裂は、突き指などの外力によって生じるもので、これが圧倒的に多数です。

開放損傷により、手の甲で腱が断裂したときは、MP関節での手指の伸展が不良となります。
しかし、手背部の伸筋腱は、腱間結合という組織で隣の伸筋腱と連結しているので、完全に伸展することはできませんが、一定程度までの伸展は可能です。

症状としては、手指の関節の伸展が不良となります。
骨折と違い、強い疼痛を伴うことはありません。
DIP、PIP関節の背側での皮下断裂は、放置すると伸筋腱のバランスが崩れ、スワンネック変形やボタンホール変形という手指の変形に発展します。

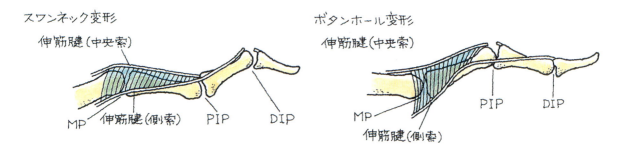

開放性損傷では、早期に開創し、短縮している腱の断端を引き寄せて、縫合しなければなりません。
DIP、PIP関節背側での皮下断裂は、一般的には、保存療法で治療、装具により、手指を伸ばした状態

で4週間以上固定します。

この間、固定を外さないようにしなければなりません。

病的断裂では、手関節背側で生じた皮下断裂は、オペが必要です。

断裂した腱の断端同士を縫合ができないことが多く、腱移行術や腱移植術などが行われています。

56　手指の伸筋腱脱臼

手を握って拳骨を作ったときの拳頭部分は中手骨頭を覆うように伸筋腱が存在しています。

この中手骨頭は丸い形をしており、矢状索と呼ばれる組織が、伸筋腱が中央部からズレることのないように支えています。

この矢状索が損傷すると、伸筋腱を中央部に保持できなくなり、拳骨を握ると、伸筋腱が中手骨頭の横にズレ落ちるのです。

この状態を伸筋腱脱臼と呼んでいます。

治療はオペにより、矢状索損傷部の縫合、もしくは伸筋腱の一部を用いて矢状索を再建する方法が実施されています。

57　手指の屈筋腱損傷

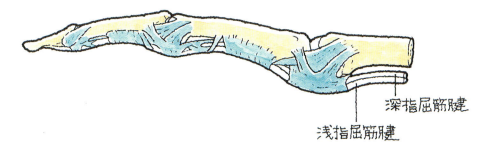

手のひら側にある屈筋腱が断裂すると、筋が収縮しても、その力が骨に伝達されないので、手指を曲げることができなくなります。

切創や挫創による開放性損傷、創のない閉鎖性損傷、皮下断裂がありますが、圧倒的に前者です。

屈筋腱の損傷では、同時に神経の断裂を伴うことが高頻度で、そんなときは、屈筋腱と神経の修復を同時に行うことになり、専門医が登場する領域です。

手指の屈筋腱は、親指は1つですが、親指以外では、深指屈筋腱と浅指屈筋腱の2つです。

親指以外で、両方が断裂すると、手指が伸びた状態となり、全く曲げることができなくなります。

深指屈筋腱のみが断裂したときは、DIP関節だけが伸びた状態となり、曲げることができません。

しかし、PIP関節は、曲げることができるのです。

屈筋腱損傷の治療は、手の外傷の治療のなかで最も難しいものの1つで、腱縫合術が必要です。

年齢、受傷様式、受傷から手術までの期間、オペの技術、オペ後の後療法、リハビリなどにより治療成績が左右されます。

治療が難しい理由には、再断裂と癒着の2つの問題があります。

オペでは、正確かつ丁寧な技術が求められ、オペ後の後療法も非常に重要となります。

58　手指の脱臼と骨折　中手骨頚部骨折

頚部骨折は頻度が高く、次に基底部骨折、骨幹部骨折、骨端線離開の順で発生しています。
共通する症状として、外傷の衝撃後に激痛、骨折部位の圧痛、手指の機能不全、腫脹、変形、運動障害などを発症します。

拳を握った状態で打撃、打撲による外力が加わったときに発症します。
交通事故では、バイクや自動車のハンドルを握ったまま正面衝突したときに、外力が中手指節関節から中手骨の長軸に向かうことで発生しています。

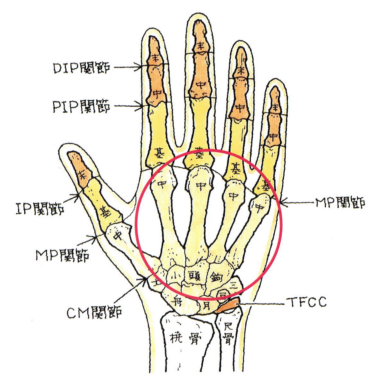

手根骨上部の「中」が、中手骨です。

腱と関節包との結合部位では剥離骨折が多く発生、伸筋腱断裂によってマレットフィンガーと呼ばれる遠位指節間関節の屈曲変形が生じることがあります。

軽度であれば6週間程度の固定で改善が得られますが、重度の腱損傷や骨折を伴うときは、オペが選択されています。骨折型、粉砕の程度、軟部組織の損傷の程度によっては、オペ後に指拘縮が起こりやすく、また、発生部位にかかわらず、整復が不完全なときは、運動障害や運動痛を残します。

●手・手根骨・手指の障害

59　手指の脱臼と骨折　中手骨基底部骨折
ちゅうしゅこつきていぶこっせつ

基底部骨折は、直接の打撲などで発症しています。
脱臼骨折では、手部の隆起、突出、手指の顕著な変形が見られます。
親指の中手骨骨折は、付け根部分に発生することが多いのですが、親指の中手骨基底部関節内の脱臼骨折では、尺側基底部に骨片を残し、遠位骨片が橈側近位へ向けてズレるものをベンネット骨折と呼んでいます。
交通事故では、手を固く握った状態で、打撃、打撲などの衝撃が加わって発症しています。
この骨折は整復位保持が困難な骨折として知られており、わずかなズレが残っても痛みが持続し、親指に機能障害を残すことから、オペが選択されています。

60　手指の脱臼と骨折　中手骨骨幹部骨折
ちゅうしゅこつこつかんぶこっせつ

骨幹部骨折は、骨折線の方向によって横骨折と斜骨折に分類されています。
関節部の骨折では骨片が小さく、ズレが少ないときは、変形もなく、腫れや痛みなどの症状も比較的軽度であり、いわゆる突き指として放置されることが一般的です。
骨片が小さく、転位が少ないとXPでは見逃されることも多いのです。
しかし、早期に適切な治療がなされないと、ズレが増強し、後に大きな障害を残すことがあります。

61　手指の脱臼と骨折　ボクサー骨折

母指以外、特に環指、小指の付け根のMP関節のすぐ中枢に発生する骨折です。
交通事故では、強い打撃を受けたとき、転倒時に手をついて発生することもあります。
適切に治療しないとナックルの変形を残し、痛みの原因となります。
関節内骨折では、オペによる治療が必要となります。

62　手指の脱臼と骨折　PIP関節脱臼骨折

手指の真ん中の関節の骨折です。
手指の関節の骨折では、最も治療が困難で、オペが選択されることが多い骨折です。
指先から2つ目の関節を脱臼することをPIP関節脱臼と言い、しばしば骨折を伴う脱臼骨折となります。
これは、突き指をしたときや、関節が本来動く範囲を超えて強制的に動かされたときに生じます。
関節が安定していればシーネなどで固定して治療します。
関節が不安定で、関節面に40%以上のズレが認められるときは、オペが選択されます。

靭帯断裂では、骨髄内からの陥没骨片の整復、ピンを用いた骨折の安定化などを行います。
必要に応じて創外固定器という持続牽引装置が用いられています。
変形癒合のときは、良好な機能は期待できないため、再建手術を要します。
矯正骨切り手術や、肋骨肋軟骨を移植して関節を再建する手術が行われます。
手指であっても、人工関節置換術や関節固定術などが選択されることがあります。

63　手指の脱臼と骨折　マレットフィンガー＝槌指

指先に最も近いDIP関節の骨折です。
副子固定では、ズレを残すことがあり、また、骨癒合が得られず、屈曲変形や痛みを残します。
そのため、最近ではオペによることが多くなっています。

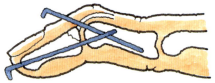

突き指では、指先の関節、DIP関節を損傷することが高頻度です。
DIP関節が屈曲して伸ばすことができないときは、伸筋腱の断裂と剥離骨折が予想されます。
伸筋腱の断裂を腱性マレットと呼び、剥離骨折は骨性マレットと呼ばれています。
腱性マレットでは、装具やシーネを用いた固定による保存療法を行い、必要に応じて鋼線による指を伸展した位置での固定や腱を縫合します。
骨性マレットでは、剥離骨片をワイヤーやスクリューで固定するオペが行われています。

64　手指の脱臼と骨折　親指CM関節脱臼

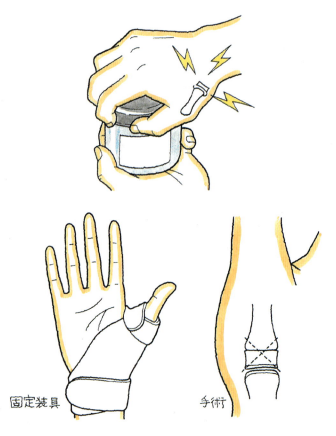

モノをつまむとき、ビンのふたを開けるときなど親指に力を必要とする関節をCM関節と呼びます。

CM関節＝第1手根中手骨関節は、親指が他の指と向き合って、物をつまむ動作ができるように働いて

います。
CM関節を脱臼、亜脱臼すると、手首の親指の付け根付近に疼痛を発症します。
進行すると親指の付け根部分が腫脹、親指が開きにくくなり、親指の指先の関節IP関節が曲がり、白鳥の首変形をきたします。
母指の付け根のCM関節のところに腫脹を認め、押すと疼痛があり、親指を捻るようにすると疼痛が増強します。脱臼、亜脱臼はXP検査で立証します。

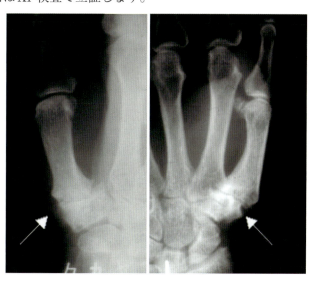

治療としては、消炎鎮痛剤入りの貼り薬を貼り、CM関節保護用の軟性装具を付けるか、固めの包帯を母指から手首にかけて8の字型に巻いて動きを制限します。
それでも不十分なときは、消炎鎮痛剤の内服と関節内注射を併用します。
痛みが強く、亜脱臼を伴う高度な関節の変形や親指の白鳥の首変形が見られるときには、関節固定術や大菱形骨の一部を切除して靭帯を再建する切除関節形成術などのオペが必要になります。
オペに至らないものでも、親指の可動域制限を残しますが、これがほとんど、2分の1以下にはならないのです。症状があって、後遺障害が認められない？　苦労するところです。

65　クロスフィンガー

患指が、となりの指の下側に潜り込むことをクロスフィンガーと言います。
私の経験則では、右人差し指の中手骨骨折○があり、ピンニング固定されたのですが、抜釘後に人差し

指が中指の下に潜り込むクロスフィンガーが出現しました。
中手骨骨折部が回旋した状態で骨癒合したことが原因であり、通常は骨切り術で対応します。
再骨折させ、指を曲げたときに重ならない位置に整復して、ミニプレートなどで固定するオペです。

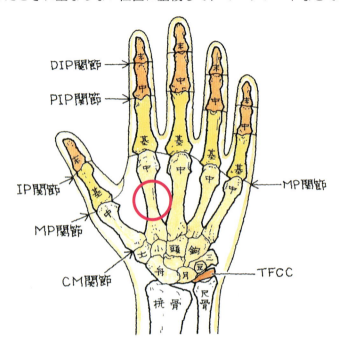

ところが、本件の被害者は、ドアに指を挟まれて挫滅骨折をしており、面談した主治医よりは、骨切り術を実施しても、必ず元通りになるとは言えないとの所見でした。
そこで、オペは断念することにし、後遺障害診断書には、「挫滅的な骨折の状況からクロスフィンガーを残したものである。」このような医師所見の記載を受けました。

被害者は建築設計事務所に勤務、CADを使用して設計をしています。
右人差し指のクロスフィンガーは、パソコン操作では致命的であり、その作業の様子をビデオ撮影で立証しました。結果、疼痛と作業効率の低下が評価され、12級13号が認定されました。

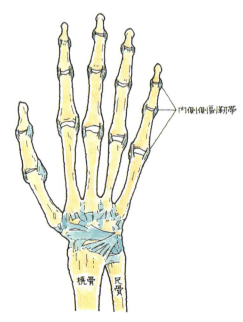

最近、左小指MCP関節の関節包損傷を原因として、左小指がクロスフィンガーとなった被害者から相

●手・手根骨・手指の障害

談があり、医大系病院整形外科、手の専門医を紹介、精査受診中です。

クロスフィンガーにおける後遺障害のキモ？

1）手の専門医の骨切り術でクロスフィンガーが矯正されれば、後遺障害を残しません。

2）クロスフィンガーによる後遺障害は、等級認定表に定めがない？
手指の後遺障害は、手指の欠損もしくは用廃、手関節の機能障害が規定されているだけです。
本件では、手指に運動制限は認められていません。

したがって、政令別表の規定により、他の後遺障害に準じて等級の認定を求めることになります。
こんなときは、左小指のクロスフィンガーにより、日常・仕事上でどのような支障が認められるのか？
これらを丹念に立証していかなければなりません。

66　突き指のいろいろ

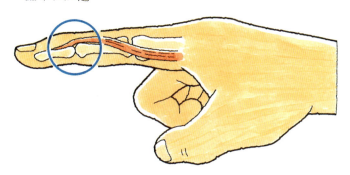

手指の正常な状態では、上側に伸筋腱、下側に屈筋腱、関節の左右には、内・外側側副靱帯があり、それぞれ連結して、指の可動域を確保しています。

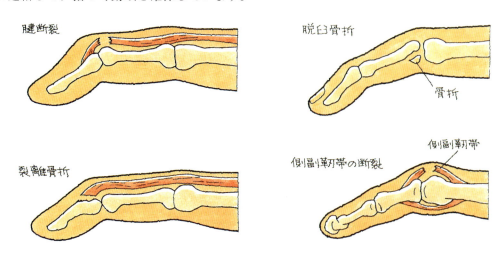

腱断裂のイラストでは、人差し指の伸筋腱が、DIP関節のところで断裂しています。
突き指の外力で生じた皮下断裂であり、突き指＝伸筋腱の断裂が圧倒的多数です。
断裂した先の手指は、伸ばすことはできません。

DIP、PIP関節上部での皮下断裂は、一般的には、保存療法で治療、装具により、手指を伸ばした状態で4週間以上の固定が行われるのが一般的です。
こんな指先の腱断裂であっても、開放性では、早期に開創、短縮している腱の断端を引き寄せ、縫合しなければなりません。

でも、伸筋腱の皮下断裂では、時間が経過すると、それほど大きな痛みを感じないのです。
「ああ、突き指ですね、そのうち治りますよ？」これで放置されるのが最大の問題点となっているのです。

次に、裂離骨折のイラストをチェックしてください。
これは、人差し指の伸筋腱が、DIP関節より先の付着部から断裂して外れたことを意味します。
これは裂離骨折もしくは剥離骨折と呼ばれています。

腱と関節包との結合部位では剥離骨折が多く、伸筋腱断裂によってマレットフィンガーと呼ばれる遠位指節間関節の屈曲変形が生じることがあります。

 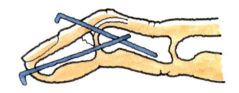

軽度であれば6週間程度の固定で改善が得られますが、重度の腱損傷や骨折を伴うときは、こんな指先でも、オペが選択されています。
骨折型、粉砕の程度、軟部組織の損傷の程度によっては、オペ後に指拘縮が起こりやすく、また、発生部位にかかわらず、整復が不完全なときは、運動障害や運動痛を残します。

では、脱臼骨折です。
イラストは、右人差し指の真ん中、PIP関節部で、交通事故による突き指では、頻度が高いものです。
手指の関節の骨折では、最も治療が困難で、これでも、オペが選択されることが多いのです。
関節が安定していればシーネなどで固定して治療します。
関節が不安定で、関節面に40％以上のズレが認められるときは、オペが選択されます。

最後は、側副靭帯の断裂です。
右手人差し指のPIP関節部、内側側副靭帯が断裂しています。
手指関節の両側には、関節の側方への動揺性を制御し、横方向に曲がらないようにしている側副靭帯という組織があります。
側副靭帯は転倒などで、側方への強い外力が加わったときに損傷します。
受傷直後に適切な治療を行わないと、側方へ指が曲がる、クロスフィンガーや力が入らないなど、不安定性を残します。実は、人差し指よりも、母指MP関節尺側側副靭帯の損傷が好発部位です。

母指第2関節の尺側の側副靭帯の完全断裂では、ギプス固定を行っても治癒することはありません。
最初からオペの選択となり、専門医の領域です。

不安定性が少ないときは、2〜4週間のギプス固定で、その後、徐々にリハビリが開始されます。
XPで異常が確認されないときでも、一定期間の外固定は必要となります。
それでも、不安定性が改善されないときは、オペが選択されています。

突き指における後遺障害のキモ？

1）腱断裂、裂離骨折、脱臼骨折、側副靭帯断裂について説明しましたが、専門医以外の整形外科では、これらはすべて、「突き指、そのうち治る？」として扱われているのです。

交通事故で突き指となっても、会社を休むなんてことは、普通、考えません。
ちょっとした不自由や痛みを感じながら、仕事を続けるのですが、症状はどんどん悪化していきます。

その頃に、心配となって専門医を受診すると、入院下でオペと診断されるのです。
会社の上司は、「突き指で入院？　そしてオペ？　あのアホはなにを考えとんのじゃ？」
評価は、ダダ下がりとなります。
0：100の交通事故で、長期間苦しみ、結果、会社からも相手にされなくなり、保険屋さんも、「突き指なら2カ月でしょ？」毎日、示談の督促で大騒ぎされ、不愉快この上ない最悪のパターンです。

だから、専門医の受診を急がなければならないのです。
専門医を受診すれば、右第2指伸筋腱断裂、右第2指遠位伸筋腱裂離骨折、右第2指PIP関節脱臼骨折、右第2指外側側副靭帯断裂の傷病名となり、オペの内容も診断書に記載されます。
周囲は、「大変だったね、きちんと治して職場復帰しなさいよ？」扱いがまるで違うのです。

2）指の後遺障害は、骨折部の痛みと関節の機能障害です。
例えば、親指で10級7号の認定を受けるには、MCP、IP関節の可動域が、健側の2分の1以下でなければならず、他の指でも、用廃では、MCP、PIPが2分の1以下が認定要件です。
ところが、先の傷病名で放置されても、2分の1以下には、減多にならないのです。
したがって、痛みを立証して14級9号で納得することが大半なのです。
突き指では、後遺障害よりも、専門医を頼って、アッケラカンと治すことになります。

67　手指の靭帯・腱損傷および骨折における後遺障害のキモ

1）手指の用廃

手指の機能障害による後遺障害等級	
4級6号	両手の手指の全部の用を廃したもの、 指の末節骨の長さの2分の1以上を失ったもの、中手指節関節または近位指節間関節（親指では指節間関節）に著しい運動障害を残したもの、著しい運動障害とは運動可動域が健側の2分の1以下に制限されたものを言います。
7級7号	1手の5の手指または親指を含み4の手指の用を廃したもの、
8級4号	1手の親指を含み3の手指の用を廃したものまたは親指以外の4の手指の用を廃したもの、
9級13号	1手の親指を含み2の手指の用を廃したものまたは親指以外の3の手指の用を廃したもの、

10級7号	1手の親指または親指以外の2の手指の用を廃したもの、
12級10号	1手の人差し指、中指または薬指の用を廃したもの、
13級6号	1手の小指の用を廃したもの、
14級7号	1手の親指以外の手指の遠位指節間関節を屈伸することができなくなったもの、

手指の全部の用を廃したものとは、親指ではIPより先、その他の指ではPIPより先の2分の1以上を失ったもの、また親指ではIP・MCPその他の指ではPIP・MCPのいずれかに正常可動域の2分の1以下に制限されたものを言います。
両手であれば4級6号が、片手であれば、7級7号が認定されます。

①親指

部位	MCP関節主要運動			IP関節主要運動			他の主要運動		
親指	屈曲	伸展	合計	屈曲	伸展	合計	橈外転	掌外転	合計
正常値	60°	10°	70°	80°	10°	90°	60°	90°	150°
用廃	30°	5°	35°	40°	5°	45°	30°	45°	75°

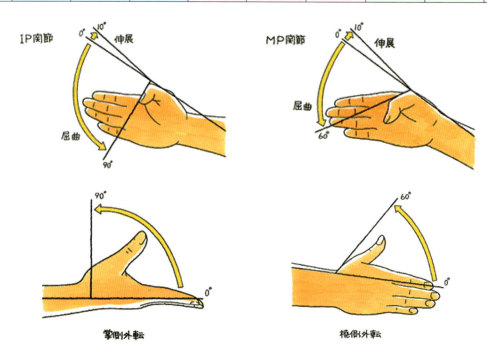

②その他の指

部位	MCP関節主要運動			PIP関節主要運動		
手指	屈曲	伸展	合計	屈曲	伸展	合計
正常値	90°	45°	135°	100°	0°	100°
用廃	45°	25°	65°	50°	0°	50°

手指の関節は、親指にあっては、指先に近い方からIP、MCP関節、
親指以外の手指にあっては、指先に近い方からDIP、PIP、MCP関節と言います。
手指の関節に参考運動はありません。

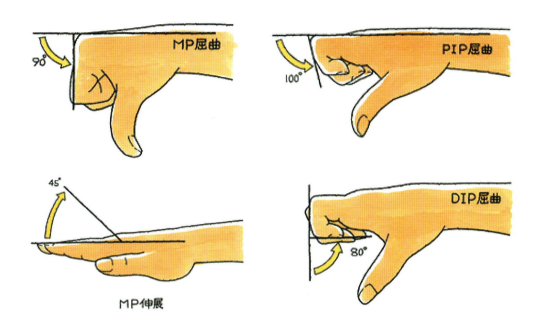

手指の機能障害に伴う後遺障害は、MCPとIP関節が対象で、どちらかの関節可動域が、健側に比較して2分の1以下にならない限り、用廃ではなく、非該当となる厳しいものです。
DIP関節に至っては、全く屈伸できない状態で、やっと14級9号です。

もちろん、疼痛を残したときは、神経症状として14級9号、12級13号が認定されていますが、大多数は14級9号で、弁護士が交渉しても、逸失利益の喪失年数は10年がやっとのレベルです。

2）治療の現場では
手指の専門外の開業医では、靱帯や腱損傷の知識に乏しく、元から関心を示しません。
骨折の発見では真剣さがありますが、XPによる画像診断では見落とすことが多いのです。
CT、MRIと積極的に撮影すればいいのですが、専門外では、そこまでの熱意がありません。

結果、「突き指なら、しばらく、様子を見ましょう？」で、スルーされることが大半、カルテに自覚症状の記載を残すことも稀な状況となっているのです。
幸い、骨折が発見されたときでも、ギプス固定がやっとで、後療法のリハビリには無関心です。

なお、被害者にとって、たちが悪いのは、受傷直後では、それほどの訴えでもないのに、時間の経過とともに、ズレや不安定性が増強し、痛みや運動制限の訴えが強くなってくることです。
損保料率算出機構調査事務所は、等級の審査では、受傷直後からの症状の一貫性を重視しています。

ときをおいて、だんだん重症化するものは、疑いの目で見られるのです。

3）合理的な解決には
受傷2カ月以内に専門医を探し出して受診することです。
もう1つの有効策は、交通事故110番の無料相談会に参加し、専門医の紹介を受けることです。

専門医の優れたオペと後療法がなされれば、多くは後遺障害を残すこともなく治療が完了します。
もっとも、交通事故ですから、不可逆的な損傷で後遺障害を残すこともあります。
であっても、ダラダラ治療を続けることなく、早期社会復帰が実現できたことは事実です。
これは大いに評価できることなのです。

現実は、こんなにスムースには進んでいません。
漫然治療を続け、保険屋さんから治療打ち切りの催促を受けるにおよんで、やっと重い腰を上げる被害者が圧倒的なのです。
受傷から4、6カ月を経過していれば、専門医を受診、オペを受けても外傷は陳旧化しており、劇的な改善は得られず、当然のことながら、後遺障害も本件事故との因果関係を立証することができないで、大多数は全滅、轟沈することになります。
これは悔しいことですが、生々しい現実です。

4）後遺障害について？
まず、手指の機能障害では、認定基準が相当に厳しいという事実があります。
もう1つ、手指の可動域の計測は煩わしい作業で、いつでも正確ではない現実もあります。

毎日、多くの被害者から、「なん級が認定されるのでしょうか？」こんなメールがなされていますが、等級に踏み込むには、被害者の年齢、事故発生状況と画像、治療を行った治療先と医師、受傷からオペまでの期間、オペの技術、オペ後の後療法の情報が必要となります。

これらの情報は、無料相談会に参加されることでしか、正確につかみ取ることはできません。
やはり、受傷2カ月の段階で、専門医を受診する、後遺障害は無料相談会に参加して見通しをつけることが重要です。
鉄は、熱いうちに叩かなければなりません。

68 参考までに、手指の欠損について

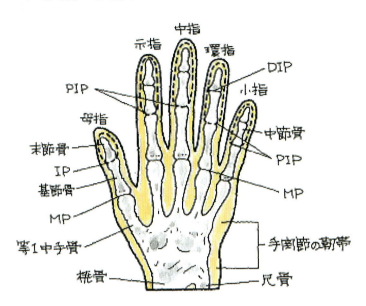

手指の欠損障害による後遺障害等級	
3級5号	両手の手指の全部を失ったもの 母指にあっては指節間関節、 その他の指にあっては近位指節間関節以上を失ったもの、
6級8号	1手の5の手指または親指を含み4の手指を失ったもの、
7級6号	1手の親指を含み3の手指を失ったものまたは親指以外の4の手指を失ったもの、
8級3号	1手の親指を含み2の手指を失ったものまたは親指以外の3の手指を失ったもの、
9級12号	1手の親指または親指以外の2の手指を失ったもの、
11級8号	1手の人差し指、中指または薬指を失ったもの、
12級9号	1手の小指を失ったもの、
13級7号	1手の親指の指骨の一部を失ったもの、 1指骨の一部を失ったこと、その程度は1指骨の一部を失ったことがXPによって明確であるものおよび遊離骨片が認められるものを説明しています。ただし、その程度が手指の末節骨の長さの2分の1以上を失った場合は、手指の用を廃したものとなる、
14級6号	1手の親指以外の手指の指骨の一部を失ったもの、

鋭利な刃物で、スパッと切り落としたギロチン切断では、血管や神経の切り口も綺麗で、再接着の成功率は高いのですが、それに比べ、何かに巻き込まれ指肢を切断してしまった引き抜き切断は、血管も神経もズタズタで、再接着の成功率は、ほとんどありません。

テレビでは、切断した指を氷詰めにして、病院に持っていくというシーンがありますが、この方法は、本当に有効で、ビニール袋に氷を詰めて病院に持っていったときは、24時間以内、氷詰めにしない常温では、6時間以内であれば、再接着の成功率が高いデータがあります。

当然のことですが、切断肢の止血時間も、再接着には重大な影響があります。

再接着は、専門医の領域で、現在はマイクロサージャリー、顕微鏡下での手術により、細い神経や血管の接合術が行われています。

手指は親指、人差し指、中指、環指＝薬指、小指の5本で構成されています。

機能的な面で、一番大切なのは親指です。

親指は手指全体の機能の40％を占めるとされており、これを失うと後遺障害等級も9級12号が認定されます。次に大事なのは、何と、小指と言われているのです。

親指と小指でものを挟めるだけで、その手の能力は高まると言われており、小指の欠損は、格上げされ、12級9号が認定されています。

小指と環指はパワーグリップの主役をなす指です。

余談ですが、ヤクザが下手うち＝失敗すると、エンコ詰＝小指をカットして謝罪を表します。

小指の一部をカットすると物を力強く握れなくなります。

小指を上げたままにして手を握ると理解ができます。

小指をカットすることによって親分に対する反抗心をなくさせるという意味があるのだそうです。

プロゴルファーであれば、グリップの低下は深刻な障害となります。

3番目に大事なのは環指＝薬指で、等級序列では2番目、11級6号が認定されています。

人差し指、中指、環指＝薬指の切断は、同列の扱いです。

4番目に大事なのは中指で、優先順位の最後は人差し指とされています。

確かに人差し指は日常ではあまり使わないのかもしれません。

でもPCを使用する私にとっては命取りです。

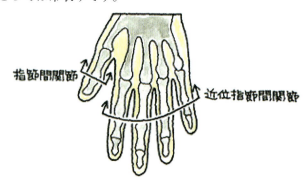

手指を失ったものとは、親指では、指節間関節＝IPより先、その他の指では、近位指節間関節＝PIPより先となります。

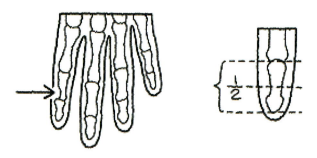

親指以外では、第1関節＝DIPより先を失っても、14級6号が認定されるに過ぎません。

このケースでは、DIPより先の2分の1以上を失っていれば、14級6号の認定です。

手指の欠損における後遺障害のキモ？

症状固定時期について？
切断は、非可逆的損傷ですから6カ月を待つ必要はありません。
切断肢の断端形成が完了、幻肢痛が改善したときが、症状固定のタイミングとなります。

断端形成とは、切断端を皮膚で覆う形成術のことです。

手指を切断することで、存在しないはずの部分に感覚を感じることがあり、切断患者の多く、50〜80％に、その症状が認められています。
感覚を感じることを幻視と言い、幻視部分が痛むときは、幻肢痛と言います。
痛みは、神経の切断後に脳に起こる変化が原因であるという説、
神経の断端からの刺激が脳に伝わって痛みを起こすという説、
心理的原因説などが議論されていますが、まだ決着がついていません。
原因不明の状態が続いているのです。

余談ですが、切断は英語でAmputationと書きます。
アンプタは整形外科医の隠語で、切断を意味しています。

総もくじ

交通事故後遺障害の等級獲得のために 〈別巻〉

後遺障害とはなにか？
1 後遺症と後遺障害？
2 いつ、申請できるの？
3 どこが、等級を認定するの？
4 申請は、保険屋さんにお任せする事前認定か、それとも被害者請求か？
5 後遺障害診断書には、なにを書いてもらえばいいの？
6 問題点　医師は後遺障害を知らない？
7 問題点　後遺障害診断書は、一人歩きする？
8 問題点　後遺障害を損害賠償で捉えると？
9 交通事故110番からのご提案
10 弁護士の選び方、法律事務所なら、どこでもいいのか、Boo弁？

等級認定の3原則
1 後遺障害等級認定における準則とは？
2 後遺障害等級認定における序列とは？
3 後遺障害等級認定における併合とは？
4 後遺障害等級における相当とは？
5 後遺障害等級における加重とは？
6 後遺障害等級表

関節の機能障害の評価方法および関節可動域の測定要領
1 関節可動域の測定要領
2 各論　部位別機能障害

精神・神経系統の障害 〈Ⅰ巻〉
1 背骨の仕組み
2 外傷性頚部症候群
3 外傷性頚部症候群の神経症状について
4 バレ・リュー症候群と耳鳴り、その他の障害について？
5 腰部捻挫・外傷性腰部症候群？
6 外傷性腰部症候群の神経症状？
7 腰椎横突起骨折
8 上腕神経叢麻痺
9 中心性頚髄損傷
10 環軸椎脱臼・亜脱臼
11 上位頚髄損傷　C1/2/3
12 横隔膜ペーシング
13 脊髄損傷
14 脊髄不全損傷＝非骨傷性頚髄損傷
15 脊髄の前角障害、前根障害
16 脊髄の後角障害、後根障害
17 バーナー症候群
18 脊髄空洞症
19 頚椎症性脊髄症？
20 後縦靭帯骨化症　OPLL
21 腰部脊柱管狭窄症？
22 椎骨脳底動脈血行不全症
23 腰椎分離・すべり症
24 胸郭出口症候群
25 頚肩腕症候群　肩凝り・ムチウチ
26 複合性局所疼痛症候群　CRPS
27 低髄液圧症候群＝脳脊髄液減少症＝CSFH
28 軽度脳外傷　MTBI
29 梨状筋症候群
30 線維筋痛症
31 仙腸関節機能不全　AKA
32 過換気症候群

頭部外傷・高次脳機能障害 〈Ⅰ巻〉
1 頭部外傷　頭部の構造と仕組み
2 頭部外傷　高次脳機能障害認定の3要件
3 頭部外傷　左下顎骨骨折、左頬骨骨折、左側頭葉脳挫傷
4 頭部外傷　左側頭骨骨折・脳挫傷
5 頭部外傷　急性硬膜外血腫
6 頭部外傷　前頭骨陥没骨折、外傷性てんかん
7 頭部外傷　びまん性軸索損傷　diffuse axonal injury：DAI
8 頭部外傷　脳挫傷＋対角線上脳挫傷＝対側損傷
9 頭部外傷　外傷性くも膜下出血
10 頭部外傷　外傷性脳室出血
11 頭部外傷　急性硬膜下血腫
12 頭部外傷　慢性硬膜下血腫
13 頭部外傷　脳挫傷＋頭蓋底骨折＋急性硬膜下血腫＋外傷性くも膜下出血＋びまん性軸索損傷
14 高次脳機能障害チェックリスト

眼の障害 〈Ⅰ巻〉
1 眼の仕組みと後遺障害について
2 眼瞼＝まぶたの外傷
3 外傷性眼瞼下垂
4 動眼神経麻痺
5 ホルネル症候群
6 外転神経麻痺
7 滑車神経麻痺
8 球結膜下出血
9 角膜上皮剥離
10 角膜穿孔外傷
11 前房出血
12 外傷性散瞳
13 涙小管断裂
14 外傷性虹彩炎
15 虹彩離断
16 水晶体亜脱臼
17 水晶体脱臼、無水晶体眼
18 外傷性白内障
19 眼窩底破裂骨折
20 視神経管骨折
21 硝子体出血
22 外傷性網膜剥離
23 網膜振盪症
24 外傷性黄斑円孔
25 眼底出血　網膜出血・脈絡膜出血
26 眼球破裂
27 続発性緑内障

耳・鼻・口・醜状障害 〈Ⅱ巻〉

耳の障害
1 耳の構造
2 外耳の外傷・耳介血腫
3 耳介裂創
4 耳垂裂
5 耳鳴り
6 外傷性鼓膜穿孔
7 流行性耳下腺炎
8 側頭骨骨折
9 頭蓋底骨折
10 騒音性難聴
11 音響性外傷

鼻の障害
1 鼻の構造と仕組み
2 鼻骨骨折
3 鼻篩骨骨折
4 鼻軟骨損傷
5 鼻欠損
6 嗅覚脱失

口の障害
1　口の構造と仕組み
2　顔面骨折・9つの分類
3　頬骨折・頬骨体部骨折
4　頬骨弓骨折
5　眼窩底骨折
6　上顎骨骨折
7　下顎骨骨折
8　味覚脱失
9　嚥下障害
10　言語の機能障害　反回神経麻痺
11　特殊例・気管カニューレ抜去困難症

醜状の障害
1　醜状障害

上肢の障害　〈Ⅱ巻〉

肩・上腕の障害
1　上腕神経叢麻痺
2　肩関節の仕組み
3　鎖骨骨折
4　肩鎖関節脱臼
5　胸鎖関節脱臼
6　肩腱板断裂
7　腱板疎部損傷
8　肩甲骨骨折
9　SLAP損傷＝上方肩関節唇損傷
10　肩関節脱臼
11　反復性肩関節脱臼
12　肩関節周囲炎
13　変形性肩関節症
14　上腕骨近位端骨折
15　上腕骨骨幹部骨折
16　上腕骨遠位端骨折
　（1）上腕骨顆上骨折　（2）上腕骨外顆骨折
17　フォルクマン拘縮

肘・前腕の障害
18　テニス肘　上腕骨外側上顆炎、上腕骨内側上顆炎
19　肘関節と手関節、橈骨と尺骨の仕組み
20　肘関節脱臼
21　肘頭骨折
22　尺骨鉤状突起骨折
23　変形性肘関節症
24　右肘内側側副靭帯損傷？
25　橈・尺骨骨幹部骨折
26　橈骨頭・頚部骨折
27　モンテジア骨折
28　ガレアッチ骨折
29　橈骨遠位端骨折、コーレス骨折、スミス骨折
30　バートン骨折
31　ショーファー骨折＝橈骨茎状突起骨折
32　尺骨茎状突起骨折

神経麻痺の障害
33　肘部管症候群
34　正中神経麻痺
35　前骨間神経麻痺
36　手根管症候群
37　橈骨神経麻痺
38　後骨間神経麻痺
39　尺骨神経麻痺
40　ギヨン管症候群
41　ズディック骨萎縮　Sudeck骨萎縮

手・手根骨・手指の障害
42　手の仕組み
43　右手首の腱鞘炎と前腕部の炎症
　（1）ド・ケルバン病　（2）ばね指
44　手根骨の骨折　有鈎骨骨折
45　手根骨の骨折　有頭骨骨折
46　手根骨の骨折　舟状骨骨折
47　手根骨の骨折　月状骨脱臼
48　手根骨の骨折　舟状・月状骨間解離
49　手根骨の骨折　三角・月状骨間解離
50　キーンベック病＝月状骨軟化症
51　手根骨の骨折　手根不安定症
52　手根骨骨折のまとめ
53　手根骨の骨折　TFCC損傷
54　手指の各関節の側副靭帯損傷
　　親指MP関節尺側側副靭帯の損傷＝スキーヤーズサム
55　手指伸筋腱損傷
56　手指の伸筋腱脱臼
57　手指の屈筋腱損傷
58　手指の脱臼と骨折　中手骨頚部骨折
59　手指の脱臼と骨折　中手骨基底部骨折
60　手指の脱臼と骨折　中手骨骨幹部骨折
61　手指の脱臼と骨折　ボクサー骨折
62　手指の脱臼と骨折　PIP関節脱臼骨折
63　手指の脱臼と骨折　マレットフィンガー＝槌指
64　手指の脱臼と骨折　親指CM関節脱臼
65　クロスフィンガー
66　突き指のいろいろ
67　手指の靭帯・腱損傷および骨折における後遺障害のキモ
68　参考までに、手指の欠損について

下肢の障害　〈Ⅲ巻〉

骨盤骨の障害
1　骨盤骨　骨盤の仕組み
2　骨盤骨折・軽症例
　（1）腸骨翼骨折　（2）恥骨骨折・坐骨骨折　（3）尾骨骨折
3　骨盤骨折・重症例
　（1）ストラドル骨折、マルゲーニュ骨折
　（2）恥骨結合離開・仙腸関節脱臼
4　骨盤骨折に伴う出血性ショック　内腸骨動脈損傷

股関節の障害
5　股関節の仕組み
6　股関節後方脱臼・骨折
7　股関節中心性脱臼
8　外傷性骨化性筋炎
9　変形性股関節症
10　ステム周囲骨折
11　股関節唇損傷
12　腸腰筋の出血、腸腰筋挫傷

大腿骨の障害
13　大腿骨頚部骨折
14　大腿骨転子部・転子下骨折
15　大腿骨骨幹部骨折
16　大腿骨顆部骨折
17　梨状筋症候群

膝・下腿骨の障害
18　膝関節の仕組み
19　膝関節内骨折　脛骨顆部骨折
　　脛骨近位端骨折、脛骨高原骨折、プラトー骨折
20　脛骨と腓骨の働き、腓骨って役目を果たしているの？
21　脛骨顆間隆起骨折
22　膝蓋骨骨折？
23　膝蓋骨脱臼
24　膝蓋骨骨軟骨骨折・スリーブ骨折
25　膝離断性骨軟骨炎
26　膝蓋前滑液包炎
27　膝窩動脈損傷？
28　腓骨骨折
29　脛・腓骨骨幹部開放性骨折
30　下腿のコンパートメント症候群
31　変形性膝関節症？
32　腓腹筋断裂　肉離れ
33　肉離れ、筋違いと捻挫、腸腰筋の出血、腸腰筋挫傷

34 半月板損傷
靭帯損傷の障害
35 ACL 前十字靭帯損傷
36 PCL 後十字靭帯損傷
37 MCL 内側側副靭帯損傷
38 LCL 外側側副靭帯損傷
39 PLS 膝関節後外側支持機構の損傷
40 複合靭帯損傷
神経麻痺の障害
41 座骨・腓骨・脛骨神経麻痺って、なに？
42 坐骨神経麻痺
43 脛骨神経麻痺
44 腓骨神経麻痺
45 深腓骨神経麻痺＝前足根管症候群
46 浅腓骨神経麻痺
47 仙髄神経麻痺
足の障害
48 足の構造と仕組み
49 右腓骨遠位端線損傷
50 右足関節果部骨折
51 足関節果部脱臼骨折、コットン骨折
52 アキレス腱断裂
53 アキレス腱滑液包炎
54 足関節不安定症
55 足関節に伴う靭帯損傷のまとめ
56 足関節離断性骨軟骨炎
57 右腓骨筋腱周囲炎
58 変形性足関節症
59 足の構造と仕組み
60 足根骨の骨折　外傷性内反足
61 足根骨の骨折　距骨骨折
62 足根骨の骨折　右踵骨不顕性骨折
63 足根骨の骨折　踵骨骨折
64 足根骨の骨折　距骨軟骨損傷
65 足根骨の骨折　足根管症候群
66 足根骨の骨折　足底腱膜断裂
67 足根骨の骨折　足底腱膜炎
68 モートン病、MORTON 病
69 足根洞症候群
70 足根骨の骨折　ショパール関節脱臼骨折
71 足根骨の骨折　リスフラン関節脱臼骨折
72 足根骨の骨折　リスフラン靭帯損傷
73 足根骨の骨折　第 1 楔状骨骨折
74 足根骨の骨折　舟状骨骨折
75 足根骨の骨折　有痛性外脛骨
76 足根骨の骨折　舟状骨裂離骨折
77 足根骨の骨折　立方骨圧迫骨折＝くるみ割り骨折
78 足根骨の骨折　二分靭帯損傷
79 足根骨の骨折　踵骨前方突起骨折
足趾の障害
80 足趾の骨折　基節骨骨折
81 足趾の骨折　中足骨骨折
82 足趾の骨折　第 5 中足骨基底部骨折＝下駄骨折
83 足趾の骨折　ジョーンズ骨折、Jones 骨折＝第 5 中足骨幹端部骨折
84 足趾の骨折　種子骨骨折
85 下腿骨の切断、足趾の切断

脊柱・その他の体幹骨の障害　〈Ⅳ巻〉
脊柱の骨折
1 骨折の分類
2 脊柱の圧迫骨折
3 脊柱の圧迫骨折　プロレベル 1
4 脊柱の圧迫骨折　プロレベル 2
5 脊柱の破裂骨折
その他の体幹骨の骨折
6 肋骨骨折

7 肋骨多発骨折の重症例　外傷性血胸
8 肋骨多発骨折の重症例　フレイルチェスト、Flail Chest、動揺胸郭
9 鎖骨骨折
10 肩鎖関節脱臼
11 胸鎖関節脱臼
12 肩甲骨骨折
13 骨盤骨　骨盤の仕組み
14 骨盤骨折・軽症例
15 骨盤骨折・重症例

胸腹部臓器の障害　〈Ⅳ巻〉
胸部の障害
1 胸腹部臓器の外傷と後遺障害について
2 呼吸器の仕組み
3 肺挫傷
4 皮下気腫、縦隔気腫
5 気管・気管支断裂
6 食道の仕組み
7 外傷性食道破裂
8 咽頭外傷
9 横隔膜の仕組み
10 外傷性横隔膜破裂・ヘルニア
11 心臓の仕組み
12 心膜損傷、心膜炎
13 冠動脈の裂傷
14 心挫傷、心筋挫傷
15 心臓・弁の仕組み
16 心臓・弁の損傷
17 大動脈について
18 外傷性大動脈解離
19 心肺停止
20 過換気症候群
21 肺血栓塞栓
22 肺脂肪塞栓
23 外傷性胸部圧迫症
腹部の障害
24 腹部臓器の外傷
25 実質臓器・肝損傷
26 実質臓器・胆嚢損傷
27 胆嚢破裂
28 管腔臓器・肝外胆管損傷
29 実質臓器・膵臓損傷
30 実質臓器・脾臓
31 管腔臓器・胃
32 外傷性胃破裂
33 管腔臓器・小腸
34 管腔臓器・小腸穿孔
35 管腔臓器・大腸
36 大腸穿孔・破裂
37 腹壁瘢痕ヘルニア
38 腹膜・腸間膜の外傷
39 実質臓器・腎臓
40 腎挫傷、腎裂傷、腎破裂、腎茎断裂
41 尿管・膀胱・尿道
42 尿管外傷
43 膀胱の外傷
44 尿道の外傷
45 外傷性尿道狭窄症
46 神経因性膀胱
47 尿崩症
48 脊髄損傷
49 実質臓器・副腎の損傷
50 急性副腎皮質不全
51 男性生殖器
52 女性生殖器

実際に等級を獲得した後遺障害診断書の分類

精神・神経系統の障害
1 頚部捻挫 14 級ドラフト
2 頚部捻挫 12 級ドラフト
3 腰部捻挫 14 級ドラフト
4 腰部捻挫 12 級ドラフト
5 頚椎捻挫、嗅覚障害、耳鳴り
6 中心性頚髄損傷
7 軸椎骨折
8 頚髄損傷、C5/6 頚椎亜脱臼、椎骨動脈損傷、左前額部挫創、脳梗塞

頭部外傷・高次脳機能障害
9 右前頭葉脳挫傷、外傷性くも膜下出血、高次脳機能障害

耳・鼻・口・醜状障害
10 右頬骨骨折、頚椎捻挫
11 頬骨弓骨折、顔面擦過創、外傷後色素沈着、左大腿骨骨幹部骨折、恥・坐骨骨折

上肢の障害
12 左鎖骨骨幹部骨折、左脛骨高原骨折
13 右鎖骨・肩甲骨骨折、右肋骨多発骨折、右橈・尺骨骨折、血気胸
14 左橈骨遠位端骨折
15 右尺骨茎状突起骨折、右橈骨遠位端粉砕骨折、左親指中手骨骨折

下肢の障害
16 右寛骨臼骨折
17 右寛骨臼骨折、右寛骨異所性骨化、鼻部打撲・創傷
18 右大腿骨骨幹部骨折、大腿骨の短縮障害
19 右大腿骨骨折、右膝蓋骨骨折、右後十字靭帯損傷
20 左膝内側側副靭帯損傷、外傷性頚部症候群
21 右腓骨神経麻痺、右下腿コンパートメント症候群
22 右脛・腓骨近位端部開放骨折、術後 MRSA 感染
23 右足関節コットン骨折
24 右脛腓骨骨折、右足関節脱臼骨折、右第 2・4 趾中足骨骨折、右足根骨骨折
25 右踵骨開放骨折
26 左下腿切断、両足デグロービング損傷、右中足骨骨折、右下腿皮膚欠損・創、右肘頭骨折

脊柱・その他の体幹骨の障害
　27　L1圧迫骨折
　28　第5腰椎破裂骨折、馬尾神経損傷、左脛・腓骨骨折、右リスフラン関節脱臼骨折

胸腹部臓器の障害
　29　仙骨骨折、恥骨骨折、骨盤骨折、左前額部醜状瘢痕、右膝肥厚性瘢痕と外傷性刺青、左膝瘢痕
　30　左精巣損傷、右肩腱板断裂

〈交通事故相談サイト jiko110.com のご案内〉

交通事故 110 番は、被害者の 1 日も早い社会復帰と、実利の獲得を目標としています。

7000 ページを超える圧倒的なコンテンツの情報発信で、交通事故外傷と後遺障害に迫ります。
ホームページによる情報発信と無料相談メールの NPO 活動は、10 年目に突入します。

「加害者や保険屋さんに誠意を求めるのは、
八百屋さんで魚を買い求めるに等しい！」
と一刀両断に斬り捨てています。

被害者は、実利の獲得に向けて、
Study & Stand Together !
学習して、共に立ち上がるのです。そのための支援は惜しみません。
詳しくは、以下のサイトをご覧ください。
URL　http://www.jiko110.com

jiko110.com「交通事故 110 番」

住　所　〒520-0246　滋賀県大津市仰木の里 6 丁目 11-8
ＴＥＬ　077-571-0600　　ＦＡＸ　077-571-6155
ＵＲＬ　http://www.jiko110.com　　メール　info@jiko110.com
責任者　宮尾　一郎

イラスト　齋藤　徹

交通事故外傷と後遺障害全322大辞典Ⅱ
耳・鼻・口・醜状障害／上肢の障害

2016年11月15日　初刷発行

著　者　Ⓒ宮尾　一郎
発行者　竹　村　正　治

発行所　株式会社かもがわ出版
　　　　〒602-8119　京都市上京区堀川通出水西入
　　　　TEL 075(432)2868　FAX 075(432)2869　振替01010-5-12436
　　　　ホームページ　http://www.kamogawa.co.jp/
印　刷　シナノ書籍印刷株式会社

ISBN978-4-7803-0868-6　C3332

著作権者　NPO jiko110.com「交通事故110番」
Ⓒ 7/may/2009 NPO jiko110.com Printed in Japan
本書は著作権上の保護を受けています。本書の一部あるいは全部について、NPO jiko110.comから文書による承諾を受けずにいかなる方法においても無断で複写、複製することは禁じられています。